北京华景时代文化传媒有限公司 出品

1分钟顶45分钟的
HIIT高效运动法

[日]川田浩志 著
[日]福池和仁 运动监修
黄洪涛 译

北京联合出版公司
Beijing United Publishing Co.,Ltd.

图书在版编目（CIP）数据

1分钟顶45分钟的HIIT高效运动法 /（日）川田浩志著 ; 黄洪涛译. -- 北京 : 北京联合出版公司, 2024.9. -- ISBN 978-7-5596-7951-2

Ⅰ. G883

中国国家版本馆CIP数据核字第2024FR3911号

北京市版权局著作权合同登记 图字：01-2024-0578

「世界一効率がいい 最高の運動」Sekaiichi koritsu ga ii saiko no undo
© Hiroshi Kawada
All rights reserved.
Originally published in Japan by KANKI PUBLISHING INC.,
Chinese (in Simplified characters only) translation rights arranged with
KANKI PUBLISHING INC., through YOUBOOK AGENCY,CHINA

1分钟顶45分钟的HIIT高效运动法

作　　者：[日]川田浩志
译　　者：黄洪涛
出 品 人：赵红仕
责任编辑：牛炜征
封面设计：琥珀视觉
责任编审：赵　娜

北京联合出版公司出版
（北京市西城区德外大街83号楼9层 100088）
北京华景时代文化传媒有限公司发行
北京中科印刷有限公司印刷　新华书店经销
字数105千字　　880毫米×1230毫米　1/32　6.75印张
2024年9月第1版　2024年9月第1次印刷
ISBN 978-7-5596-7951-2
定价：58.00元

版权所有，侵权必究
未经书面许可，不得以任何方式转载、复制、翻印本书部分或全部内容。
本书若有质量问题，请与本公司图书销售中心联系调换。电话：（010）83626929

前言

本书是以下人群的福音：

每年体检时都被医生建议"要注意定期运动"，但觉得运动太麻烦了，所以迟迟无法开始的人；

看着肚子上的赘肉一天天增加，却不知如何减掉的人；

过去也定期运动，后来因工作、生活过于忙碌，实在抽不出完整时间运动的人；

以前也努力减肥、慢跑、去健身房，但总是三天打鱼两天晒网的人；

以及，不相信"镜中人"是自己的人。

本书给大家介绍的是一种高效运动法，一种只需每周在家运动2~3次、每次4分钟，即可实现减肥、肌力训练、提高耐力、改善血糖值和血压的梦幻般的运动法。

它的名字是"HIIT"。

HIIT是"High Intensity Interval Training"的缩写，是一种在短暂的间隔内交替进行高强度（高负荷）的运动和休息的独特运动方法。

一百多年前，HIIT 运动法已被部分专业运动员采用。

随着 HIIT 的运动效果得到越来越多的科学证实，2000 年左右，HIIT 也开始被运动界广泛接受。更多的研究结果显示，坚持 HIIT 运动一两年，对促进普通民众身体健康、疾病预防和身体康复都具有良好效果。

现在，HIIT 运动在医学界也备受关注。

更惊人的是，HIIT 运动除了"超短时间"内便可获得明显成效的优点之外，还兼具"有氧运动"和"无氧运动"的运动效果优势，可谓一举两得。

"有氧运动"是指通过快走、慢跑等运动吸氧燃脂，来达到减肥及增强体力等目的。

"无氧运动"是指肌力训练、短跑等负荷强度高，瞬间性强的运动，它可提升肌肉力量和瞬间爆发力。当进行肌力训练等运动时，在瞬间发力的那一刻，我们的呼吸是停止的。

一般来说，"有氧运动"和"无氧运动"是两种不同类型的运动。为了均衡地进行两者，必然需要时间和耐心。

"有氧运动"尤其需要时间，以至于很多人虽然下定了决心要开始跑步，但是一听说"必须跑 20～30 分钟才能达到燃脂效果"时便犹豫了。

有了HIIT就简单多了，因为它可以达到有氧运动（燃脂）和无氧运动（肌力训练）的效果。而且，比起其他单项训练，HIIT也具有短时间内便可完成的优势。

"不会吧，怎么可能有那么好的事儿……"

或许很多人会这么想，我第一次听到HIIT的效果时也一样，虽然很感兴趣，但是这些表述过于完美，也让我不禁对其半信半疑。

作为一名医生及医学科学家，我的基本立场是，在亲眼确认客观数据之前，不会轻信任何事物。所以，我想"也许对运动员来说是有效的，但对于无运动习惯者来说，能否达到这样的效果还值得商榷"。

但在翻阅了各种与HIIT相关的研究报告和学术论文后，我的怀疑完全消除了。

现在，HIIT的体质改善效果已得到科学证实。尤其从2018年下半年起，与HIIT运动相关的科学调查研究结果陆续公布，有力证实了HIIT的效果（相关数据将在第3章详述）。

目前，我还没发现比HIIT的时间性价比更高的运动方法。

我确信，对于整天被工作、家务、育儿、朋友交际、兴趣等缠绕的现代人来说，HIIT绝对是"最强最短时的运动方法"，为了让更多人了解这种运动法，我才决心撰写并出版这本书。

也许还有人因为自己没有运动习惯而不安，担心"我能做到吗"。

对此，我的回答是肯定的。

譬如，你想以20秒为时间单位，你就可以在这20秒内进行高速运动，这便是HIIT运动的特征之一。

对于体力欠佳的人，刚开始时只运动几次也完全没问题。在体力跟上后，再按体力增加的比例逐渐提高运动负荷即可。所以，HIIT是一种毫无压力并可持续一生的运动方法。

看到这里，一定会有人问"话虽如此，但真的有效吗"。

本书不仅列举出HIIT的科学依据，还邀请了五位一直苦于运动不足的30~40岁的男士合作，请他们实际体验HIIT。被邀来合作的几位男士刚开始也是半信半疑的，但结果都成功实现了体重降低、体脂减少、肌力提升等锻炼效果。本书封面上的图片，便是其中一位体验者的照片。

看到这里，你是否也跃跃欲试了呢？

下面，我就向大家详细介绍 HIIT 神话般的运动效果及运动方法。

日本东海大学医学系内科教授　川田浩志

目录

CHAPTER 1

为什么医生对你说"要加强运动"？

1	百岁人生时代，最重要的事是？	002
2	运动胜过任何灵丹妙药	007
3	运动使人保持年轻	012
4	运动可提升工作表现	016
5	都知道运动好，为什么还是不运动？	018
[专栏] 身体会从中年开始衰弱		023

CHAPTER 2

HIIT——超短时间就能收获成效的运动法

1	短时间内就可实现"瘦身＋肌力训练"	026
2	HIIT 高效的运动效果，在医学界也备受瞩目	032
3	HIIT 并不是极限负荷运动	034
4	挑战身体七至八成负荷的运动	036
5	一开始每周两次即可，重要的是持之以恒	042
6	如何测量最大摄氧量？	044
7	了解身体活动的机制	045
8	身体健康的秘密在于"线粒体"	049
[专栏] 运动地点也会影响效果		054

CHAPTER 3

最新研究揭秘！
HIIT 运动的科学依据

1	[时间效率] 短时间内就获得高成效	058
2	[抗衰老] 让细胞返老还童	064
3	[敏捷性] 动作变得敏捷	071
4	[减肥] 不运动时脂肪也会持续燃烧	075
5	[长寿] 降低死亡风险	086
6	[糖尿病] 血糖值大幅下降	090
7	[高血压] 可降低过高的血压	101
8	[胆固醇] 有益胆固醇增加，有害胆固醇减少	102
9	[认知机能] 增加脑细胞，提高信息处理能力	104
10	[持续性] 看到运动效果才能持之以恒	112

CHAPTER 4

首先每天做 4 分钟！
在家就能完成的 HIIT 运动课程

[第1节] TIPNESS 式　HIIT 课程体验	124
[第2节] 提高 HIIT 效果　运动前后的伸展	126
[第3节] 不让肌肉厌烦！ HIIT 课程的做法	128
[HIIT1] 第1周 总之先做完！	130
[HIIT2] 第2周 继续使劲燃脂！	134
[HIIT3] 第3周 身体已经慢慢习惯　运动开始变轻松	138

[HIIT4] 第 4 周 充分感受后燃效应	142
＋α 若想获得更好的效果，就去健身房进行 HIIT 运动吧！	146

尝试进行 HIIT　HIIT 体验记　148
  HIIT 体验记 1　151
  HIIT 体验记 2　152
  HIIT 体验记 3　153
  HIIT 体验记 4　154
  HIIT 体验记 5　155

CHAPTER 5

在更短时间内收获成效！
提升 HIIT 运动效果的饮食方法

1	全世界医生都瞩目的"地中海膳食模式"	158
2	吃得津津有味，却有强大减肥效果	162
3	三大减肥食品大比拼！	164
4	不好好吃，身体就无法燃烧能量	171
5	边吃边减肥——地中海膳食模式和运动的组合	172
6	减肥效果超高的坚果	174
7	吃了不会胖的神奇坚果	177
8	不仅能瘦身！坚果还具有惊人的健康效果	180
9	科学证实的健康食品——坚果和咖啡	184
10	让 HIIT 运动效果倍增！地中海膳食模式食谱	186

参考文献　197

为什么医生对你说「要加强运动」？

CHAPTER 1

1 百岁人生时代，最重要的事是？

日本 2007 年出生的孩子，其中有半数会活到 107 岁。

这个令人震惊的数据源自琳达·格拉顿与安德鲁·斯科特合著的畅销书《百岁人生：长寿时代的生活和工作》，此后，"人生 100 年"的说法开始流行。

对此，日本政府以"人生 100 年时代构想"为题，对教育及就业等社会话题展开了广泛讨论。众所周知，日本是世界第一长寿国，当然希望这样的讨论越来越多。

然而，作为医生，我担心的是，"人生 100 年"这个说法流行之后，很多人误以为自己无须刻意做什么，自然而然也能长寿。

前几天，在某个宴席上，有位同龄的大腹便便的朋友边拍肚子边笑说："人生 100 年时代，在我晚年的 40 年里做些什么好呢？不如重组学生时代的乐队，向专业乐队进军吧！"但是，这位仁兄并没有运动的习惯。

当然，我并不是说那位朋友不会长寿。

不过，为了让健康且充满活力的幸福生活能更长久地持续下去，每个人做一点努力且坚持下去非常重要。

身处医学研究第一线的我，能最先感受到医疗技术的进步。人均寿命也会随之延长。然而，隐藏在平均寿命背后的"健康寿命"却很容易被我们忽略。

"健康寿命"是指无须他人护理、日常生活可以自理的寿命期。"平均寿命"减去"健康寿命"的期间，便是"需护理寿命期"。

日本人的平均"需护理寿命期"如下页的图 1-1 所示，男性约为 8 年，女性约为 12 年。也就是说，不管多长寿，在生命的最后 10 年左右都是需要别人照护的。

那么，人生最后这 10 年的生活是否称得上"幸福"呢？

至少，从 2001 年至 2016 年的统计数据来看，日本人的"需护理寿命期"并无明显变化。随着寿命的延长，"健康寿命"也增加了，但"需护理寿命期"却难以缩短。

若想讴歌人生 100 年，关键是延长健康寿命。

目前，日本在社会保障方面（与纳税负担相比），还算是能提供优厚保障的国家，而且或许还可以维持一段时间。

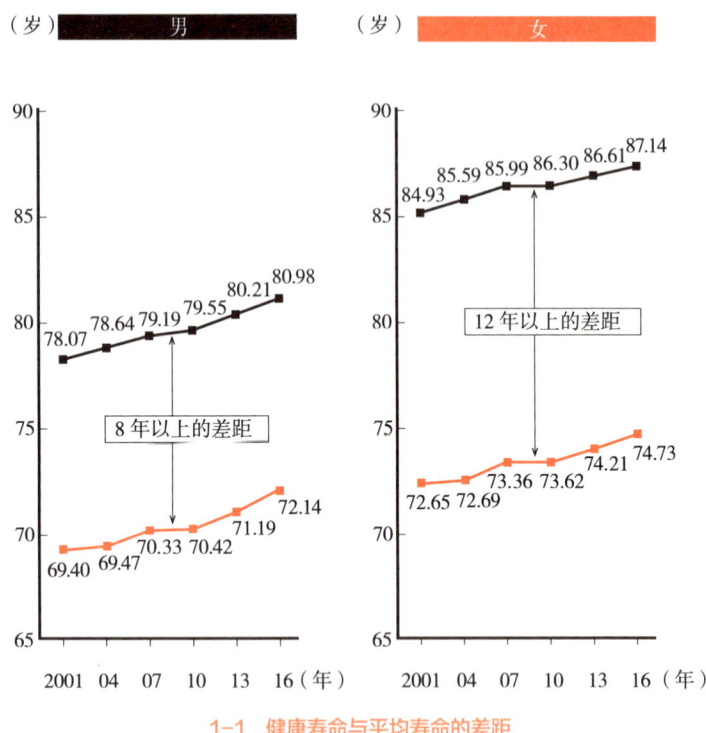

1-1 健康寿命与平均寿命的差距

■ 健康寿命虽然顺利增加，但与平均寿命之间的差距平均仍有 8 ~ 12 年。

（资料来源：以日本厚生劳动省·厚生劳动统计协会刊出的资料为基础，根据厚生劳动省《简易生命表》《完全生命表》《平成三十年三月九日第 11 回健康日本 21（第二次）推进专门委员会资料》《图说国民卫生动向 2018／2019》制作。）

但是，那也只是现在而已。日本政府的财政困难状况已是众所周知。现在的政府预先透支子孙几代的财政收入才得以勉强运转。

日本政府每年支付的国民医疗费和护理保险支付费超过50兆日元。

2001年，这部分支出占国民收入的8%，2015年则增加至13%。而且，2019年日本老年人口（65岁以上）的比例约为27%，但10年内将超过30%，20年后会超过35%。

我并不是想批判政府，而是想给日本国民敲响警钟——"最好不要期待现行制度会永远不变"。

当然，现行制度被废止后，不知道社会保障制度会变成什么样。

但我认为，大家努力做到"自己的生命自己保护"绝不会有错。

延长健康寿命的秘诀，不外乎以下两点，即：

平衡膳食和适量运动。

话虽简单，却是延长寿命的最强秘诀。

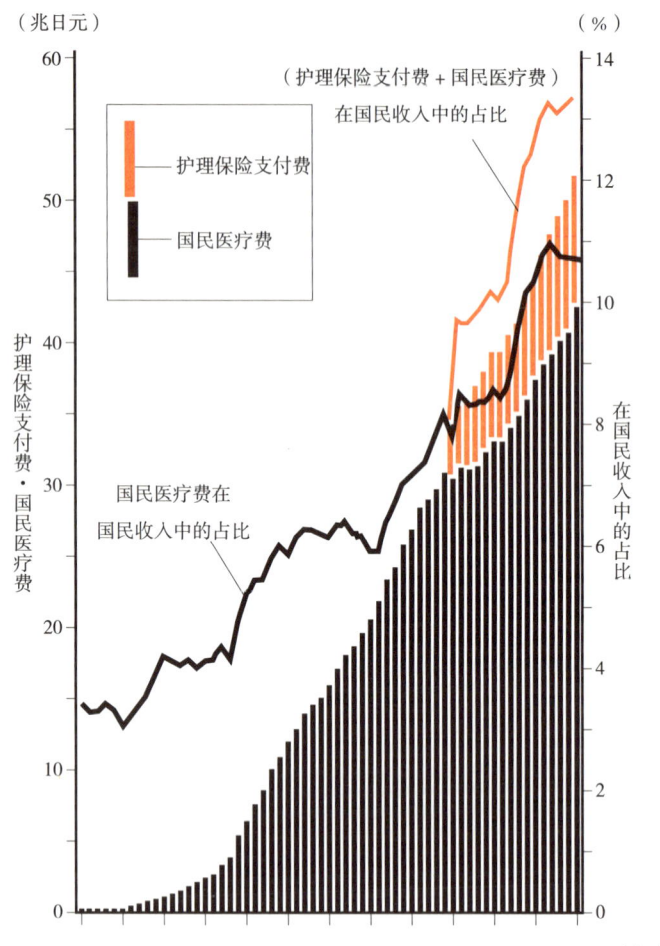

1-2 国民医疗费和护理保险支付费合计超过 50 兆日元

■ 显然,随着老年人口数量的增加,今后每位国民的平均负担会越来越重。

(资料来源:以日本厚生劳动统计协会会刊的资料为基础,根据厚生劳动省《国民医疗费》《护理保险事业状况报告》《图说国民卫生动向 2018／2019》制作。)

2　运动胜过任何灵丹妙药

运动的目的因人而异。

有的人把运动当成爱好享受其中,有的人为了强身健体而去健身房锻炼,有的人为了追求完美身材而进行肌力训练。

其实,养成定期运动的习惯会带来很多好处。具体内容将在后文详述,下面先列举运动给人带来的主要效果。

- ■ 减肥。
- ■ 降低引发肥胖、心脏病、脑血管疾病(脑卒中)、2 型糖尿病、骨质疏松症的可能性,降低死亡率。
- ■ 不易患癌。
- ■ 增加有益胆固醇,减少有害胆固醇和中性脂肪。
- ■ 让血管变年轻,改善血压。
- ■ 促进脑神经细胞再生,降低认知障碍症的风险。

> ■ 持续分泌让人保持年轻的激素（生长激素、DHEA、睾酮等）。
> ■ 提高耐力，不易感到疲劳。
> ■ 提高基础代谢率，不易发胖。

大家觉得如何呢？运动至少能给人带来上述功效。

医学界经常使用这样的表述，"运动是万能药"。

现在，你能理解为什么每次体检后医生都会说"请加强运动"了吧？

而且，无论何时开始运动，都不算晚。

没有运动习惯的人，即使上年纪之后才开始运动，也能降低死亡风险。

在上述列举的运动效果中，我最想强调的一点是"运动和患癌率的关系"。

我们经常听到运动对心脏病、脑率中、肥胖等有效果的说法，但运动预防癌症的说法却鲜为人知。

日本人的死因中，癌症占据第一位。日本国立癌症研究中心的统计数据表明，患癌人数占日本总人口的一半以上。

其中，日本男性患癌比例为62%，女性为46%。

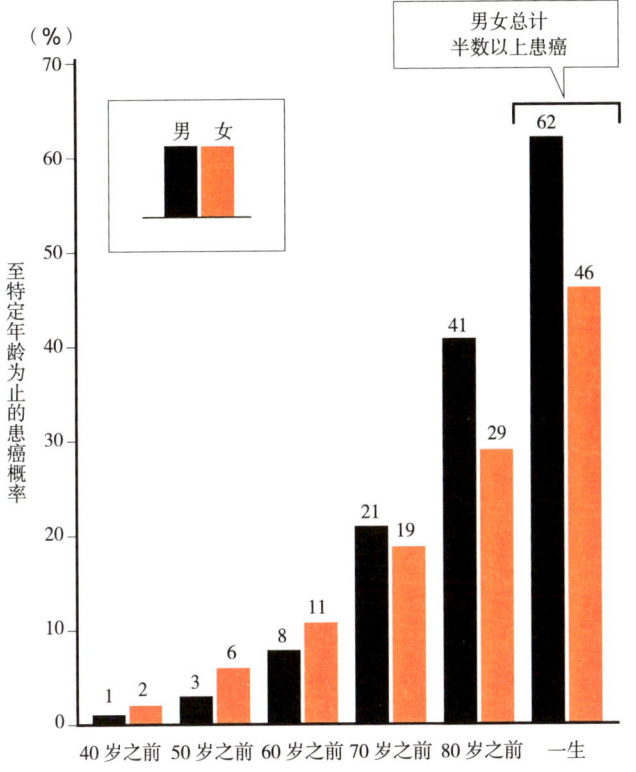

1-3　日本半数以上的人一生中会得一次癌症

■ 图中数据表明，日本人患癌的概率非常高。
　考虑到癌症高居死因排行首位，所以必须有充分的心理准备和对策。

（资料来源：日本国立癌症研究中心癌症对策信息中心，图表根据日本厚生劳动统计协会会刊中的《图说国民卫生动向 2018／2019》制作。）

癌症有很多种。其中，很久以前就有研究报告指出，运动可切实有效降低罹患大肠癌（结肠癌）的风险。

最近的研究结果表明，除了可降低罹患大肠癌的风险之外，如下图所示，运动还可降低罹患其他13种癌症的风险。

以下是一份根据144万人的资料（2016年），调查运动习惯和患癌风险的关系所得出的研究数据。

对于男女性都易罹患的肺癌、大肠癌（结肠癌、直肠癌）、胃癌（胃贲门癌）、肝癌，还有属于我的研究领域的血癌（骨髓性白血病、骨髓瘤），以及乳癌、子宫（内膜）癌等癌症，运动可有效降低患癌概率，统计结果如下图所示。

癌症可以说是多数日本人的敌人，而运动在预防癌症方面非常有效果。你是否感受到运动的重要性了呢？

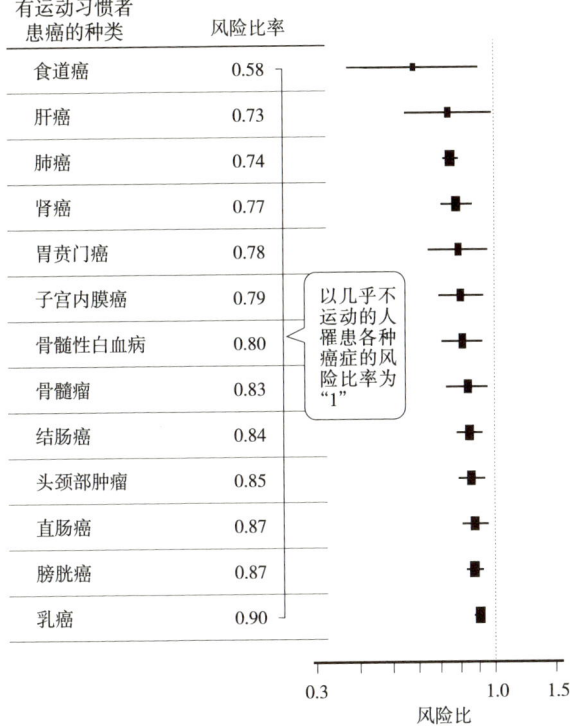

1-4 运动可降低多种癌症的风险

■ 有中等以上强度运动习惯的人和几乎不运动的人相比,罹患食道癌、肝癌、肺癌、肾癌、胃贲门癌、子宫内膜癌、骨髓性白血病、骨髓瘤、结肠癌、头颈部肿瘤、直肠癌、膀胱癌、乳癌等 13 种癌症的风险显著降低。

以上数据出自在欧美实施的 12 项调查结果,这 12 项调查共对 144 万名男女的数据进行了分析,研究了运动与罹患癌症之间的风险关系。

(资料来源:根据 MoorSC 等,JAMA Intern Med 2016 年的资料改编。)

3　运动使人保持年轻

运动可以让身体保持年轻的状态。

没有运动习惯的成年人，肌肉量每年衰减1%。

这是一个非常令人震惊的数字，尤其是每天过着让肌肉毫无负荷的生活的人，肌肉减少的比例更显著。

举例来说，因骨折而卧床的老人，体力会因此而迅速变差……大家是否听过这类事情呢？

这是因为人一旦卧床，仅仅两天肌肉量便可能减少1%（减少比例因人而异）。所以宇航员在返回地球时，刚开始无法自己行走，因为他们长时间在无重力的状态下生活，肌力会瞬间衰退。

肌肉如果失去了负重，会很容易变弱。随着年龄的增加，腹部肌肉和大腿前侧肌肉减少得更快。这无关男女，是必然发生的事。

所以，整日坐在电脑或电视机前不动的人，脚部肌肉力量减弱是理所当然的。不过，这种现象不只发生在老年人身上。

事事都越来越便利的现代社会，人们活动身体的机会越来越少。即使是看起来仍然年轻的 30 多岁的人，如果长时间不运动，肌肉也会迅速减少。

可能有些人会这么想，"反正，我又不想成为肌肉男，也没必要干体力活"。

或许是这样没错，然而，即使我们不需要提拿重物，也没必要快跑，因此抱有"即使肌肉减少了，也没什么不方便的"的想法是有些危险的。

最大摄氧量是衡量体力的重要指标。简言之，最大摄氧量是指身体为了提供能量而消耗的最大的氧气量。

如下页的图 1-5 所示，10 年间，最大摄氧量减少近 10%（高龄者除外）。

最大摄氧量取决于承担氧气输送任务的"心肺功能"，以及消耗氧气和产生能量的"肌肉"。所以，如果身体长期不运动，不仅会导致心肺功能降低、肌肉萎缩，还将导致肌肉产生能量的能力退化（这与肌肉细胞中的线粒体的量和质有关，这部分内容将在后文详述）。

这就是所谓的"基础代谢率降低"。

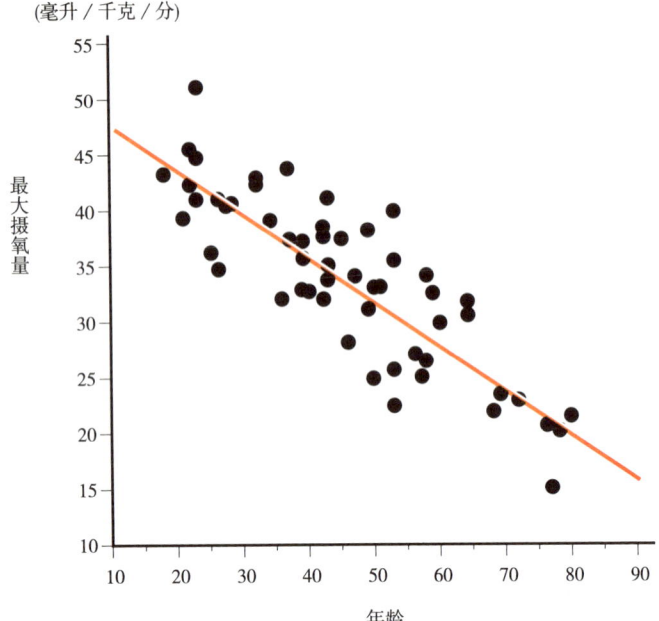

1-5 最大摄氧量会随着年龄增长而降低

- 最大摄氧量是指机体每分钟每千克所能吸收的氧气量,是有氧运动能力的重要指标。(※无法轻易测量。需要穿戴特殊装备,随后通过跑步机或固定式健身车来进行测量。然后以阶段性的方式加大负荷,直到即使负荷再加大,氧气消耗量不再出现变化时,这就是最大摄氧量。)
- 最大摄氧量随着年龄增长而降低,所以,最大摄氧量的增加也就意味着身体机能变年轻。

※图标上的点是每个受测者的数据,直线显示的是此数据的分布趋势。

(资料来源:根据 Houmard JA 等,J Appl Physiol 1998 年资料改编。)

如果身体很难制造出能量，就容易感到疲劳。所以缺乏运动的人偶尔长时间步行，虽不是剧烈运动，但第二天仍会感到疲劳。这是由于肌肉量减少。

肌肉量减少

↓

身体很难制造能量

↓

容易感到疲劳

↓

越发不爱运动

如果平时不运动，就可能陷入这样的恶性循环。

此外，当身体难以产生能量时，那些无法转化为能量的营养成分（糖类）就会在体内失去去处。

这些糖分将变成体脂，成为肥胖、代谢综合征、生活习惯病及老化的原因。

肌肉并非只在提拿重物等时才发挥作用。日常生活中，肌肉在"产生能量"和"消耗多余的能量"方面也发挥着重要的作用。

人的基础代谢率在 20 岁左右达到峰值，之后便开始逐渐下降。所以，虽然饮食还是和年轻时一样，但如果没有运动来消耗能量，脂肪的积累是必然的。

本书中介绍的全新的运动法——HIIT，可同时实现"增加肌肉量"和"增强心肺功能"的运动效果，是一举两得的高效运动法。

而且，还可在短期内改善最大摄氧量，达到增强体力的效果。

4 运动可提升工作表现

如果有读者想提升工作表现，那更要建议大家定期运动。

最近，随着工作方式改革的趋势，各界频繁提出"提高生产效率"是改革的关键。

也许有人本来就已经很忙了，但领导还总说"要在更短时间内完成"，像这样为此而苦不堪言的人肯定不在少数。

提高工作效率的方法有很多种，但要让自我表现提升到最大值，答案毫无疑问是运动。

养成运动习惯，可以使身体保持在最好的状态，不容易感到疲劳，这是运动带来的最显而易见的良好效果。

不仅如此，运动还可提高认知能力（大脑的高级机能）。（内容详见第3章）

最近，运动的重要性得到了越来越多人的理解和接受。

与过去那种脑子里只有工作的工作狂相比，现在的商务人士的运动意识提高了很多。

放眼医学界也同样，在我二十几岁的时候，我的前辈们很多都不注意自己的身体健康，正如俗语"医生不养生"所言。

但是，最近很多医生也开始在繁忙的工作中挤出时间锻炼身体了。

5　都知道运动好，为什么还是不运动？

从医学的角度看，运动确实能给身体带来很多好处。看到这里，大家是否也隐约觉得"运动一下比较好"呢？

实际上，无论哪个年代，有固定运动习惯的人都是少数。下面我们来看日本厚生劳动省所做的统计吧。

首先，以男性而言，有运动习惯者的比例：三十几岁为18.4%；四十几岁为20.3%，也就是说，这些年龄段的人，5个人中只有1个人平时有运动习惯。

随着年龄的增长，五十多岁、六十多岁和七十多岁的人中，有运动习惯的人数比例也逐渐增加。这也许是因为实际体会到自己体力日渐衰退，感到火烧眉毛了。

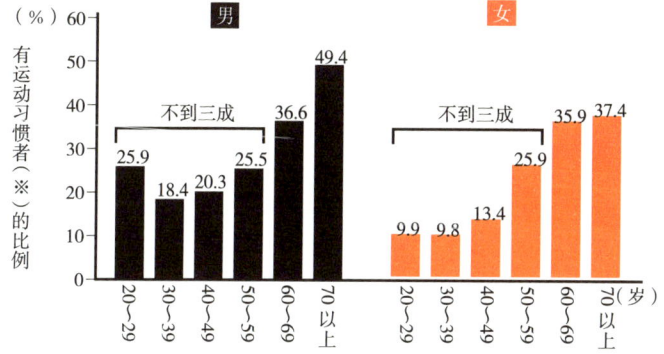

1-6　50岁之前有运动习惯者的比例不到30%

※所谓有运动习惯者是指每周运动两次，每次30分钟以上，且坚持了一年以上的人。

（资料来源：根据日本厚生劳动省·厚生劳动统计协会刊出的《国民健康·营养调查》《图说国民卫生动向2018/2019》制作。）

和男性相比，有运动习惯的女性更少。

尤其是二十几岁、三十几岁的女性，有运动习惯的比例不到10%（10人中只有1人），四十几岁的女性也仅为13.4%。那么，为什么有运动习惯的女性这么少呢？

根据2015年日本内阁府的调查结果（参照图1-7），最近一年都不运动的人，最常给出的理由是"工作繁忙（包括家务、育儿），没时间运动（42.6%）"。

确实，对现代人来说，"忙碌"是个很大的瓶颈。

工作、家务、育儿等确实很繁忙，加上现在是智能手机的时代，让人总是莫名感觉有事情要做。甚至忙到没有足够的睡眠时间，导致慢性睡眠不足……这样的人应该不在少数。

有数据表明，睡眠时间过短容易导致血糖值上升。美国的糖尿病患者大都是肥胖者，而日本半数以上的糖尿病患者并不肥胖。虽然其中的因果关系尚未获得证实，但在发达国家中，日本人的睡眠时间是最短的（2016年OECD[①]的调查显示，日本是OECD成员国中国民睡眠时间最短的），除了受饮食习惯的影响，不可否认，睡眠不足也可能是主要原因之一。

==HIIT对苦于没有时间运动的人是个福音，只需几天一次，几分钟便可完成运动。==

加上伸展和缓和运动，总共不超过10分钟。

这样的运动，既不会大幅度改变现在的生活方式，也不会减少睡眠时间，很容易使我们将运动习惯融入生活。

我有个朋友，以前曾挑战每天上班前去慢跑，但最后因早起太辛苦而放弃了，后来我推荐他做HIIT，听说他一直坚持

[①] OECD：Organization for Economic Co-operation and Development，经济合作与发展组织，简称"经合组织"，是西方国家政府间的经济联合组织，旨在稳定会员国的财政金融，促进经济增长，提高人民生活水平和扩大贸易等。成立于1961年，成员总数38个，总部设在法国巴黎。——译者注

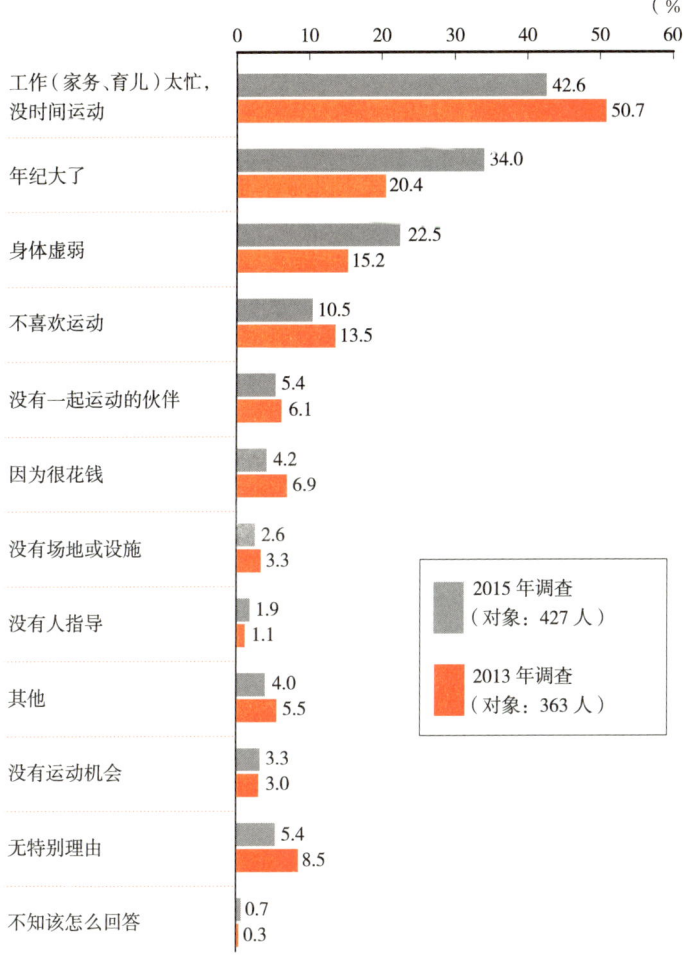

1-7 不运动的最大原因是"太忙"

■ 被问到不运动的原因,听到最多的回答是"太忙"。

(资料来源:平成二十七年(2015年)关于"东京奥运·残奥"的民意调查,内阁府。)

到现在。

调查结果表明，中途放弃运动的主要原因除了"时间受限"之外，还有"肥胖"。肥胖者肌肉减少的部分，会被沉重的"脂肪"替代。所以比起标准体形的人，肥胖者运动更加不容易，再加上易伤及膝盖等部位，所以心理障碍也比其他人高。

但是，HIIT 在身体发出求饶指令前，已经结束了，所以即使是肥胖体形者也能坚持下去。

有些人只是为了夏季到来时能穿上轻薄衣服而想暂时瘦一点或是长一点肌肉，这也无可厚非。但作为一名医生，我想对大家说的是，既然已经决定运动了，那就请以维持健康为最高目标。因为"持之以恒的运动才有意义"。

可短时结束，且无须专业器具或宽敞运动空间的 HIIT，最适合作为一个长期坚持的运动项目。

> 专栏

身体会从中年开始衰弱

你是否听说过,日常动作障碍或身体机能降低在中年就有可能发生。这是美国加利福尼亚大学的研究者于2017年在《美国医学会杂志·内科学》上公布的研究成果[1]。

该研究团队以日常动作(①洗澡、②更衣、③移动、④如厕、⑤用餐)无障碍的50岁至56岁的男性、女性为研究对象,每隔两年,最长至20年,对他们的日常动作进行追踪调查。

调查结果显示,被调查者5个日常动作中至少有1个动作出现了障碍的比例高达22%(约4个人中有1个人)。并且,这其中的9%,两年后其他的日常动作也出现了障碍,甚至有4%的人去世了(早逝)。进行这项研究的学者得出的结论是,我们应该从中年就开始研究预防身体机能衰退的对策。我坚信,HIIT将会是有用的方法之一。

---

[1] 参考资料来源:Browm RT 等,Ann intern Med 2017年。

HIIT——超短时间就能收获成效的运动法

CHAPTER 2

1 短时间内就可实现"瘦身+肌力训练"

读完第1章后相信大家已经了解了运动整体的重要性,接下来就向大家介绍HIIT运动法的概要。

HIIT是指对身体施加高强度(high intensity)负荷的运动和休息,并以短暂间隔(interval)反复进行的训练(training)。

如果将慢跑等称为"长时间持续地施加中等强度负荷的运动"的话,HIIT就是"短时间间歇地施加高强度负荷的运动"。

HIIT的特征是在一定时间之内,集中施加高强度负荷,并提供一定时间的休息(或是降低负荷),然后再度施以负荷,并以非常短的间歇反复进行。

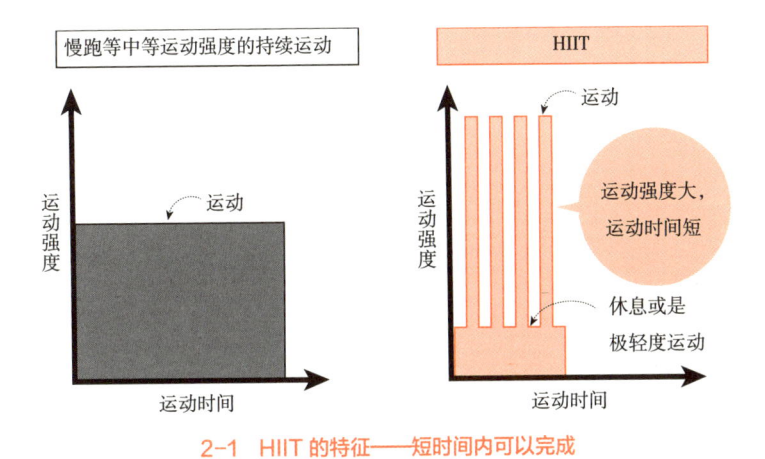

2-1 HIIT 的特征——短时间内可以完成

(资料来源：根据 Azuma K 等, Keio J Med 2017 年资料改编。)

其实，HIIT 的运动方式各种各样。

- 室内：高速深蹲、高速波比跳 (Burpee)[①]、高速开合跳 (Jumping Jack)[②]等。
- 户外：短距离冲刺等。
- 健身房：跑步机、脚踏车测功器（固定式健身车）、划船测功器 (Rowing Ergometer) 等。

[①] 波比跳 (Burpee) 是一种高强度、短时间燃烧脂肪、令人心率飙升的自重阻力训练动作之一，也叫作"立卧撑"。结合了深蹲 (Squat)、伏地挺身 (Push-Ups) 及跳跃 (Jump) 一连串的动作，在短时间内会将心跳率拉升到将近人体最大值。——译者注
[②] 开合跳（Jumping Jack) 是一种锻炼姿势。其主要动作是双脚往外张开约 1.5 个肩膀宽，双手往头顶方向击掌等。——译者注

可进行的运动多种多样，意味着我们可以自行决定每次运动所施加的负荷、连续运动的时间、休息时间、运动组数等，它们将有无限种组合方式。

在做 HIIT 时，所用到的肌肉越多运动效果越好，所以我推荐在设定运动套餐时要组合多个种类的运动。

不过，专业运动员因赛项要求或各自的训练课题不同，需要锻炼的部位也不同，所以一般都是由专业教练来设计最合理的运动套餐。

我将在第 4 章就如何实际践行 HIIT 运动进行详细说明。但本书的目标读者并非专业运动员，而是无运动习惯的一般大众，所以我将从以下视角来选取运动套餐。

- ■ 不使用专业器械
- ■ 可在家中进行锻炼
- ■ 尽可能使全身得到运动
- ■ 尽可能活动到大肌肉
- ■ 能均衡地改善体质（提高耐力&练就身材苗条、肌肉结实体形）

由于前文多处使用了"肌肉""高强度负荷"等词语，这有可能让人误以为HIIT就是一种肌力训练法，其实并非如此。

HIIT运动中，不管何种组合都是高强度的高速运动，所以运动时不仅肌肉疲劳，还会感觉上气不接下气。

这种状态下，运动者将会"呼哧呼哧"地喘气，想尽量吸入更多氧气。

此时"呼哧呼哧"地喘气正是HIIT的最大特征之一，即提高耐力（＝提高有氧运动效果＝提升最大摄氧量）部分的运动。

==HIIT就是将肌力训练等无氧运动和慢跑等有氧运动两者的优势进行"优势结合"。==

另外，本书中所介绍的学术论文中的HIIT运动大都是使用固定式健身车进行的。

之所以采用固定式健身车，是因为它只是脚踩踏板的简单运动，容易调整负荷，方便受验者在均等的运动条件下运动（即能够更加正确地收集数据）。

也就是说，只是为了更容易收集更准确的数据而采用了固定式健身车，并非意味着没有固定式健身车就无法进行HIIT运动，这点请大家放心。

HIIT 对全身肌肉施加高强度的负荷,所以并不需要长时间运动,也没必要每天都进行。

如果你每天都想运动的话,那可以在不进行 HIIT 运动时进行轻度慢跑。

关于 HIIT 的效果将在第 3 章进行详细说明,下面先简单介绍坚持 HIIT 运动将获得的改善效果。

增强体力、提高耐力	● 提高最大摄氧量 ● 增强心肺功能
减肥效果	● 提高基础代谢率 ● 减少中性脂肪 ● 变成不易发胖的体质 ● 后燃效应(After-burn Effect) （运动后仍持续消耗热量）
肌力训练效果	● 强化快肌和慢肌 ● 提高敏捷性
血糖值恢复正常	● 改善空腹时的血糖值 ● 提高胰岛素敏感性
血管年轻化	● 改善血压(同时改善收缩压和舒张压) ● 提升有益胆固醇(HDL)值 ● 降低有害胆固醇(HDL)值
预防脑部老化	● 增加脑细胞 ● 改善高级脑部机能

2-2 HIIT 运动益处多多

■ 可增强体力,达到减肥、预防疾病等目的；与其他运动项目相比,HIIT 运动可获得更多更好的运动效果。

HIIT不仅可提高人体耐力，达到燃脂和肌力锻炼的效果，还可预防和改善现代人在意的多种病症。

　　如此多的效果，你不觉得很厉害吗？

　　当然，我并不是说，传统的肌力训练和慢跑等运动方式一定不如HIIT。

　　举例来说，想练就一身健壮肌肉的话，传统的肌力训练当然最好；想参加全程马拉松比赛的话，就必须坚持跑步来锻炼脚力。

　　但是，正如我一直重复强调的那样，和以往的运动方式相比，HIIT可以在短时间内结束，并且可以获得全面性的效果，是效率超高的运动。

2　HIIT 高效的运动效果，在医学界也备受瞩目

我们先来简单回顾一下 HIIT 的发展史。

据相关记载，距今一百多年前，已有部分参加奥运会长距离跑步项目的顶尖运动员实践了"重复全速冲刺"这种类似 HIIT 的训练。

但是，当时这种训练法并不是在有科学依据的基础上进行的，而是运动员们根据自己的经验，觉得"持续进行这样的练习可明显提高心肺功能（即提高耐力）"，才在训练中采用的。

20 世纪 70 年代左右，HIIT 的科学机制才正式得到证实。但那时也仅有少数人在持续研究，并未形成大的潮流。

风向改变的契机其实在日本。

20 世纪 90 年代，立命馆大学的田畑泉教授针对专业运动员所设计的 HIIT 运动菜单——"Tabata 训练"因被长野冬奥会速滑金牌得主——清水宏保采用而逐渐广为人知，并因此从

2000 年开始被世界上广大选手所采用。

这是由于 HIIT 独具的短时间高效率优势，能让选手在赛前完美地在短时间内调整好身体状态。

接下来的数年间，HIIT 不仅仅被专业运动员所采用，更因其在促进普通民众身体健康、预防疾病、改善血糖值方面的效果，以及作为罹患心脏病等重大疾病后心肺机能恢复的手段，引起了医学界的极大关注。

我个人因工作性质的关系，每天都收集分析最新医学信息的论文和浏览医学搜索网站。

本书中所引用的与 HIIT 相关的数据大都是 2017 年后公布的。在此之前，除了运动医学科的医生之外，也有少数着眼于 HIIT 运动效果的相关论文，但在 2017 年后公开发表的研究成果数量明显增加，用"井喷式"来形容也不为过。

尤其在 2018 年后，将多个调查成果进行综合分析（Meta-analysis）的研究多了起来。综合分析的科学参考价值当然更高，而这些研究结果大都指出了 HIIT 的良好效果。

开始不过是部分研究者假设的 HIIT 的运动效果，最终将成为医学界的"常识"。

3　HIIT 并不是极限负荷运动

网络上偶尔能看到将 HIIT 介绍为"在身体达到极限前不断施加负荷的运动"的报道。

因此，引起了部分人的担心：

"我又不是专业运动员，肯定做不了 HIIT 运动。"

"那么辛苦的运动，我肯定坚持不了多久！"

"施加那么高强度的负荷，会不会对健康不利？"

本书所介绍的 HIIT 并不会在身体达到极限前持续增加负荷。

实际上，HIIT 大致可分为以下两种：

①竭尽全力（all-out）＝施加达到最大摄氧量或最大心率的负荷。

②接近竭尽全力＝施加最大心率的七至八成的负荷。

可能很多人对竭尽全力这个词很陌生，它是指运动时拼尽全力、全力以赴直到极限为止。

我想本书的大多数读者并非专业运动员，而只是普通人（而且很多还是没有运动习惯的人），所以，我建议大家采用方法②（施加最大心率的七至八成的负荷）。

因为方法①竭尽全力又被称为SIT(Sprint Interval Training，冲刺间歇训练)，主要面向专业运动员。

其实，前述的TABATA训练就是SIT的典型代表，用最大摄氧量的170%的高强度，激烈运动20秒后休息10秒钟，并以此作为一组运动，进行8组共4分钟的间歇式运动。

喜欢运动和训练的人中可能也有不少认为"HIIT运动=最大负荷运动""不是竭尽全力的运动就称不上HIIT"。

之所以有这样的想法，是因为他们对HIIT产生了"TABATA训练标准与HIIT相同"的误解。

TABATA训练是面向专业运动员的训练方法，的确是一种非常辛苦的方法。

对于平日里没有运动习惯的人来说，TABATA训练是一项门槛很高的运动方法，所以刚开始运动就进行TABATA训练确实难度不小。

如果你平时常去健身房锻炼且已经有运动习惯，并对自己的体力有自信，当然可以在专业教练的指导下挑战SIT。

但是，考虑到要让一般大众可以在家里进行HIIT，要求做到身体负荷极限就有些不切实际了。

以身体健康为目的的运动的核心原则是"安全且持之以恒"。

其实,接近竭尽全力的运动也可获得HIIT的很多运动效果,这方面内容将在后文详述。

4 挑战身体七至八成负荷的运动

HIIT中关于接近竭尽全力的运动强度,前文我写了施加最大心率七到八成的负荷为宜,在实际运动时,该怎样调整运动强度呢?

一般来说是以心率为基准。心率是指心脏(输送血液的泵)1分钟的跳动次数。人的心率和运动负荷(运动强度)之间存在着完美的比例关系。

因此，也可说心率是设定运动强度时最一目了然的基准。

但是，为了测量到最大心率来作为标准，我们必须把自己逼到"没办法再撑下去"的极限才能停下来，所以并不能说是安全的。

因此，图 2-3 所示的测定心率的简便计算公式得以广泛使用。

为了便于大家进行计算，我还列出了不同年纪的计算方法，敬请参考。

测量心率一般的方法就是用手指按住脉搏计数。最近市面上还推出了很多具有测定心率功能的手表，以及与手机小程序联动的高端产品。

但这并非意味着必须使用这些心率监测计严密地调整负荷，才能获得 HIIT 的运动效果。

进行 HIIT 运动时，基本上根据自身的感觉来设定负荷便可。

当然，自身的感觉会因每天身体状况的不同而不同，但是，当你主观上已经感觉很吃力时，就不必再去查看心率数字而勉强自己"必须继续增加负荷以提高心率"了。

$$最大心率 = 208 - 0.7 \times 年龄$$

2-3 最大心率的简便计算方法

■ 在实际运动中测量最大心率极其困难。有一种简易的计算方法可以知道基准的数字，好奇的人可以计算看看。

※数值因人而异，相差约 10 个点。

以主观强度来说，不妨先从"感觉有点吃力"左右的强度开始。如果将感觉"完全吃不消"设为 100% 的话，"非常吃力"就为 90%，"感觉吃力"为 80%，且将"还稍感轻松"设为 60% 的话，那么，"感觉有点吃力"的值就为 70%（与最大心率的比值也是）。

如果这么解释还是不太理解的话，那也可简单解释为"在你认为还稍感轻松时就可适当加大负荷强度"。

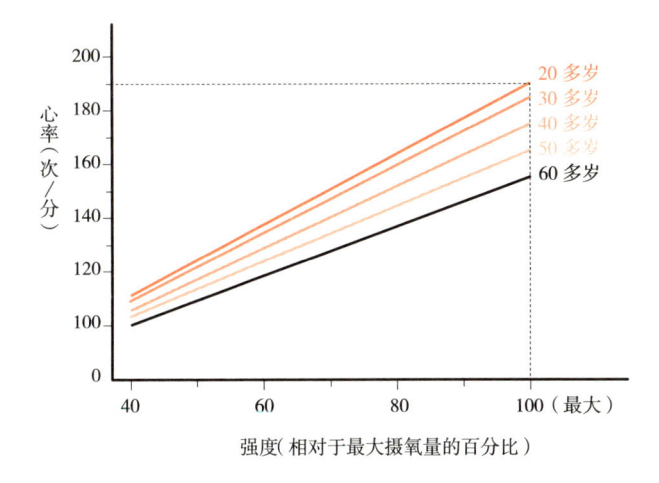

■ 不同年龄段的最大心率（基准）

年龄段	最大心率
20～29岁	190
30～39岁	185
40～49岁	175
50～59岁	165
60～69岁	155

2-4 年龄与心率的变化

■ 实际测定一个人的最大心率，必须运动到筋疲力尽才行，但这样的测量方法存在一定的风险。目前常用的方法是通过简便计算公式或不同年龄段的基准来测量。

（资料来源：体育科学中心编写的《通过体育运动打造健康身体的运动记录卡》，讲谈社出版。）

CHAPTER 2　HIIT——超短时间就能收获成效的运动法

如果运动时完全没感到吃力，或者运动后几乎不喘，说明负荷过轻，那就几乎达不到HIIT运动的效果了。

当然，我也不建议贸然做到极限，刚开始运动时以"稍感吃力"为度便可，慢慢习惯之后，再逐渐加大运动负荷。

但是，此时也不要把自己逼到"非常吃力（90%）"，而是先以"感觉吃力（80%）"为限便可。上限的标准是运动过程中持续进行30秒左右的对话。

如运动后需要花费大量精力来调整气息，并且完全无法进行自然对话，说明运动强度过高了（超过90%）。

加大负荷的方法有很多种，我建议大家按照下页所介绍的顺序循序渐进地进行。

但是，因个人性格不同，尤其是有如下担心的运动者，还可考虑其他的测量方法。

- 看不到客观数据就不放心的人
- 依赖主观判断忍不住偷懒的人

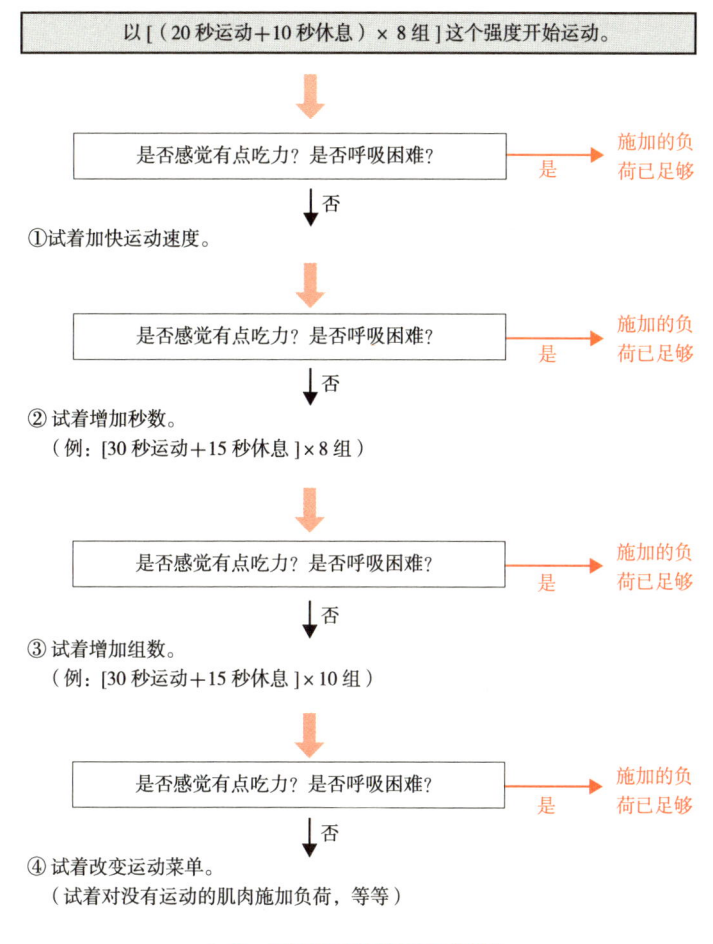

```
以 [（20秒运动+10秒休息）× 8组] 这个强度开始运动。
                    ↓
         是否感觉有点吃力？是否呼吸困难？  —是→  施加的负荷已足够
                    ↓否
①试着加快运动速度。
                    ↓
         是否感觉有点吃力？是否呼吸困难？  —是→  施加的负荷已足够
                    ↓否
②试着增加秒数。
  （例：[30秒运动+15秒休息] × 8组）
                    ↓
         是否感觉有点吃力？是否呼吸困难？  —是→  施加的负荷已足够
                    ↓否
③试着增加组数。
  （例：[30秒运动+15秒休息] × 10组）
                    ↓
         是否感觉有点吃力？是否呼吸困难？  —是→  施加的负荷已足够
                    ↓否
④试着改变运动菜单。
  （试着对没有运动的肌肉施加负荷，等等）
```

2-5 判断是否达到 HIIT 的基准

■ 虽说要施加强负荷，但实施加的负荷却很难测量。而且，如果所施加的负荷强度不够，就达不到 HIIT 的效果。如何通过个人感觉来判断自己的运动是否达到了 HIIT 的基准，可以参照流程图 2-5。

这类人士如果坚持运动一个月还没有效果，那可以试着用腕式脉搏心率监测计等。

只要能够知道有点吃力的感觉大概是什么节奏就可以了。只要能掌握基准的感觉，也就不需要每次都用器材来计算心率了。

5　一开始每周两次即可，重要的是持之以恒

没有运动习惯的人进行HIIT运动时，刚开始无须太过勉强，一周两次已经足够。

慢慢习惯之后，再试着增加为一周三到四次。

对于到周末才能挤出时间运动的人，考虑到肌肉恢复和疲劳消除需要时间，所以也不建议周六日连续两天都锻炼。

为了养成运动习惯，你可以有规律地进行，在手机备忘录上记下"周三和周日运动"，把运动当成一个待办事项，可能不失为一个好方法。

但是，因工作或私事太忙而无法定期抽出时间运动的情况肯定不可避免。

这时候，身体的有氧运动能力也会降低，所以突然重新开始运动，一不小心又太过拼命，就会备感辛苦（因身体能力跟不上，疲劳也会增加）。

如此，可能有些人会因此认为"原来HIIT运动那么辛苦……"，于是放弃了HIIT。

为了日后健康幸福的生活，"让运动成为一种习惯"非常重要。

当然，也没必要因此而焦虑。

没有必要为了补上因忙碌而落下的锻炼，就一口气增加HIIT运动次数或加大运动强度。最好是从较轻的运动重新开始运动，如每周两次或者稍减运动强度等。

6 如何测量最大摄氧量？

最大摄氧量是衡量运动强度的另一个基准，比心率更难测定，但是在 HIIT 运动中通过测量最大摄氧量可以极大地提高运动效果。

最大摄氧量是指机体在 1 分钟内每千克所能吸收的氧气量（毫升/千克/分），一般来说，**最大摄氧量随着年龄的增长而下降**。

你是否在电视节目上看过专业运动员戴着接有一根小管的口罩在跑步机或固定式健身车上全力运动的画面呢？

这正是精确测定最大摄氧量的分析法（称为"呼气分析法"）。

逐渐加大运动强度，直到运动强度再加大但氧气消耗量也不再变化，此时的摄氧量即为最大摄氧量。

此外，也有不用专业器具就能测定最大摄氧量的方法。就是学校里常用的反复横跳或 20 米往返跑等体能测试项目。

根据体能测定结果可推算出最大摄氧量。

但是，我们离开学校后就几乎没有接触这类体能测试项目的机会了。

对科学正规的测定方法感兴趣的朋友可以通过搜索"新体能测试实施要项"找到日本文部科学省的官网，便可在上面找到不同年龄的测定方法。

7　了解身体活动的机制

在学习下一章中各种证实 HIIT 运动效果的科学数据之前，我们先学一些关于身体活动机制方面的基础知识。即"我们活动身体（运动）时体内的机制"。

这些都与最大摄氧量、线粒体（mitochondrion）和肌肉紧密相关。

理解了身体的运动机制及其相关关系,你会更深刻地理解为什么 HIIT 运动比其他运动效果更好。

首先,正如大家所知,维持生命活力不可或缺的能量来源就是饮食。

但是,食物本身是无法转变成能量的。

人体以摄入的食物为原料在全身的细胞内制造出 ATP (adenosine triphosphate, 三磷酸腺苷)。而后,细胞需要能量时就分解这些 ATP,因为分解这些 ATP 时将产生巨大的能量。

除食物之外,氧气也是我们生存所不可或缺的,因为细胞在将来自食物的营养成分分解成 ATP 时,氧气是必不可少的燃料。

我们呼吸时排出的二氧化碳就是身体制造 ATP 的证明。

那么,将氧气作为分解食物的燃料,并制造出 ATP 的"能量生产工厂"到底存在于哪里呢?答案是存在于每个细胞中被称为"线粒体"的特殊小器官。

所以,也有人将制造能量的线粒体称为"细胞内的能量生产工厂"。

食物

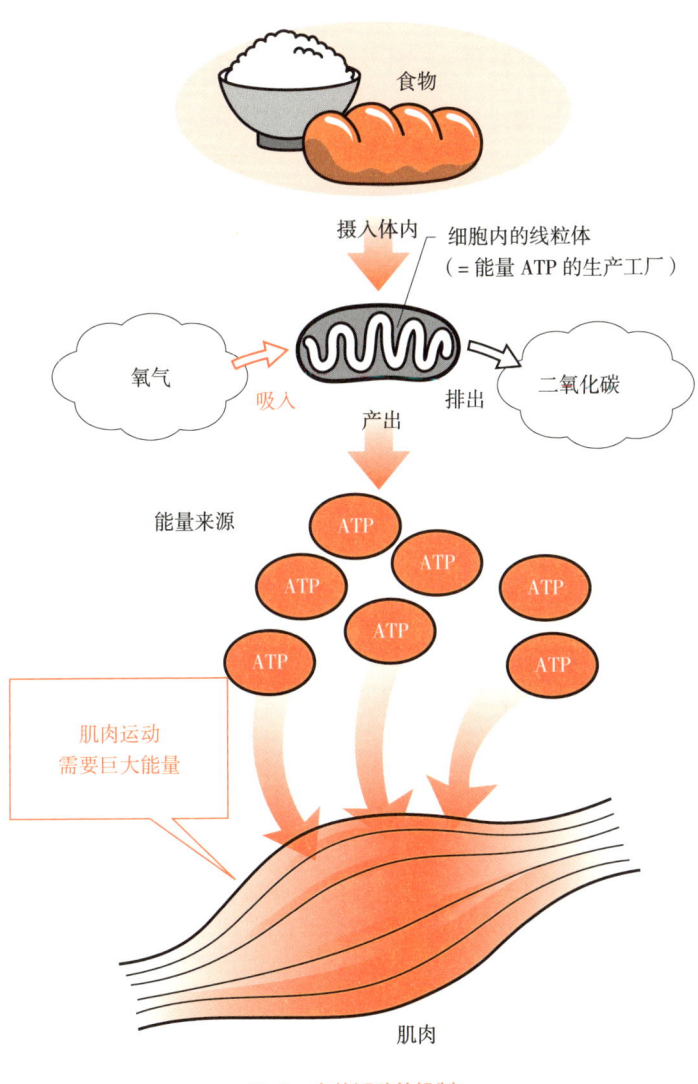

摄入体内

细胞内的线粒体
（= 能量 ATP 的生产工厂）

氧气 吸入 → 排出 二氧化碳

产出

能量来源

ATP ATP ATP ATP ATP ATP ATP

肌肉运动
需要巨大能量

肌肉

2-6 身体活动的机制

CHAPTER 2 HIIT——超短时间就能收获成效的运动法

047

线粒体虽然较多存在于肌肉、大脑等新陈代谢非常活跃的器官中，但基本上全身的细胞中都有线粒体。

要让全身肌肉运动起来，就需要身体把氧气输送给各处的线粒体，此时输送氧气的物流通道就是血管，以及血管中流动的血液。

动脉中的血液是鲜红色的，这是因为动脉中的红细胞富含氧气。

相反，静脉中的血颜色较深，原因是红细胞中的氧气大多被用于生产 ATP 了。

以上对人体产生能量的机制进行了简单说明。

也就是说，只要线粒体不断吸收食物和氧气，制造出 ATP，人体就能源源不断地获得能量。

因此也可说，**吸收的氧气量（用作燃料的氧气量）越多，线粒体制造的能量就越多**。

通过前面的说明，不知大家对此是否有所了解了呢？

虽然大气中的氧气量是无限的，但人体还是会出现"能量不足"的情况。举例来说，空腹时人会感觉无力，即使在吃饱后，也能感觉到体力是有限的。

还有，持续剧烈运动后，短时间内可能无法站稳，只能大口喘气，拼命地想要吸入氧气。

这种"能量不足"的现象为什么会发生呢？答案就是人体吸入的作为燃料的氧气量是有上限的。

这个上限值就是"最大摄氧量"，即所谓的"耐力""精力""体力"等的本质。

8　身体健康的秘密在于"线粒体"

肌肉细胞中的线粒体是最大摄氧量的决定因素。

我们的身体大约由 60 万亿个细胞组成，几乎所有的细胞内都有线粒体，每个细胞内平均有 300～400 个线粒体，人体中线粒体的总重量约为体重的 10%。

如果要追溯起源，线粒体最初来自细胞外的生物（细菌）。

人类祖先的细胞，正是因为获得了能高效产生能量的"线粒体"，才实现了飞跃性的进化。

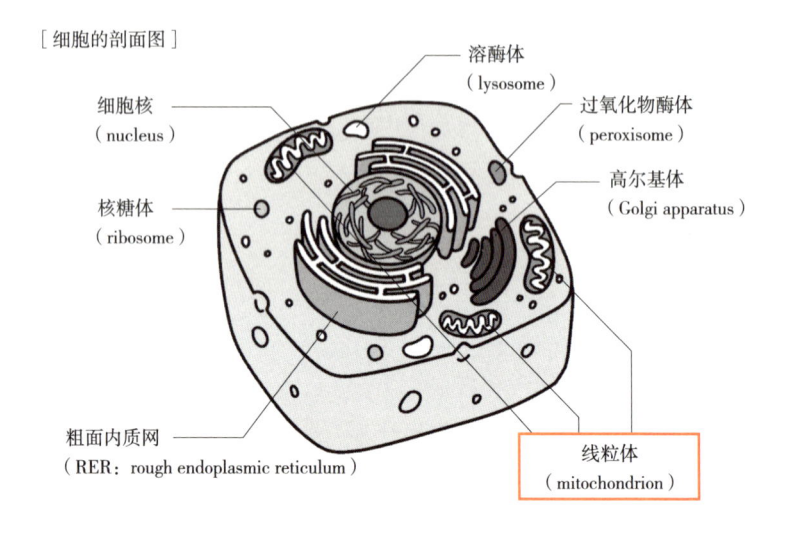

[细胞的剖面图]

- 细胞核（nucleus）
- 核糖体（ribosome）
- 溶酶体（lysosome）
- 过氧化物酶体（peroxisome）
- 高尔基体（Golgi apparatus）
- 粗面内质网（RER：rough endoplasmic reticulum）
- 线粒体（mitochondrion）

2-7　线粒体——细胞内的能量生产工厂

人类的生存离不开线粒体，而线粒体离开了细胞也无法存活。所以，我们和线粒体之间是一种强烈的相互依存的共生关系。

线粒体的存在又与最大摄氧量息息相关。

个人的最大摄氧量因线粒体的"数量"和"质量"（＝

ATP 的转换效率）而有所变动。

而且，随着年龄的增长，线粒体的数量和质量也将减少和降低。

举例来说，走上社会后几十年都没运动过的人，和年轻时相比，肌肉量大幅减少，而且线粒体的绝对数量也大为减少。

而且，线粒体的"质量"也下降了。因此，最大摄氧量也会随之减少。

你是否有过这样的体验？急着想和公司的后辈们一起赶电车，明明只小跑了一段距离，结果只有自己气喘吁吁。

当你感到呼吸困难时，说明能量生产工厂在发出求救信号了——糟糕！以现在的速度，所制造的能量无法满足需求了，快快多送点氧气过来！

平日里养成了慢跑等有氧运动习惯的人，或者线粒体质量较高的年轻人，在小跑后仍然面不改色心不急跳，是因为其身体里有大量具备高效产能的能量生产工厂。

而且，一旦线粒体的数量和质量降低，不仅导致耐力下降，质量不佳的线粒体还会产生很多伤害细胞的"活性氧"。

过剩的活性氧会给身体带来伤害，如：

- 加速老化
- 脑梗死
- 糖尿病
- 阿尔茨海默病、帕金森病
- 心血管疾病
- 癌症

上述病症都可能是因活性氧过多引发的。

肌肉越大，最大摄氧量也会越高，所以进行肌力训练某种程度上也可提高最大摄氧量。但是，如果仅进行暂停呼吸且施加负荷的无氧运动的肌力训练，虽然也能提高最大摄氧量，但提高的幅度有限。

在这一点上，HIIT 会对身体施加足以锻炼出肌肉的高负荷，同时也进行有氧运动，所以作为有效提高最大摄氧量的手段（增加线粒体数量、提高线粒体质量，同时也强化心肺功能），是非常出色的方式。

第 3 章中所列举的与 HIIT 相关的调查研究结果中，很多着眼于线粒体的作用，所以在了解身体产生能量的机制之后，我们也就更容易理解第 3 章的内容了。

专栏

运动地点也会影响效果

运动的目的本来是健康,但由于运动条件的局限,运动可能会反过来影响健康,对此你是否听说过呢?

英国帝国理工学院(Imperial College London)的研究者自2012年至2014年,以119名60岁以上的男女为对象,请他们在交通流量大的街道和没有车流的都市公园中行走,之后对其行走前后的身体症状和肺部功能的变化进行调查[1]。

结果发现,在公园行走之后,他们的肺部功能和血管的柔软性都得到了改善,而在交通流量大的街道上行走后,改善效果不明显。研究者们认为这是因为受到空气中污染物的影响。

如果想通过运动促进健康,就应尽量在车流量少的

---

[1] 参考资料:Sinharay R等,Lancet,2018年。——译者注

地方运动。而HIIT运动可以在安装有空气净化器的室内进行，所以，这也是我向大家推荐HIIT运动的原因之一。

CHAPTER 2 HIIT——超短时间就能收获成效的运动法

CHAPTER 3

最新研究揭秘！
HIIT 运动的科学依据

1 [时间效率]
短时间内就获得高成效

◆"1分钟的HIIT运动"与"45分钟的持续运动"获得的效果相同

本章将会介绍与HIIT相关的最新研究成果,让我们一起见证HIIT运动在多方面的惊人效果吧。

首先来看时间效率方面的相关数据,时间效率可以说是HIIT最显著的特征。已经有不少论文证实了HIIT运动在时间效率上的优势,在此向大家介绍2016年加拿大麦克马斯特大学(McMaster University)的学者所发表的令人震撼的研究成果(图3-1、图3-2)。

他们以平日总伏案工作的27名男性为研究对象,将他们分为如下3组,并观察他们在12周内的变化。

> ■【正常运动小组（持续运动）】以不超过最大心率70%的负荷持续骑乘固定式健身车45分钟，外加两分钟的热身运动和3分钟的缓和运动。每周实施3次。
>
> ■【HIIT运动小组】竭尽全力骑乘固定式健身车20秒后休息两分钟，反复进行3次，外加两分钟的热身运动和3分钟的缓和运动。每周实施3次。
>
> ■【不运动小组】如常生活即可。

研究结果显示，正常运动小组和HIIT运动小组的成员获得了同等的健康效果（提升最大摄氧量和增加线粒体）。

HIIT运动小组实际上一天只运动了20秒×3＝1分钟（即每周3分钟），但却获得了与一次运动45分钟（每周135分钟）同样的运动效果，这研究结果让人震撼。

最适合忙碌的现代人的运动方式非HIIT莫属。

虽是竭尽全力地运动，因为只需20秒，所以很多人无论在体力上或时间上都觉得"应该可以做到"吧。

加上热身运动和缓和运动总计时间也不过12分钟，所以大家可以考虑利用午休时间到公司附近的健身房去做HIIT运动。

◆ 高效又安全

现在，HIIT运动也被用在了病人的康复治疗上。通过让273位患有心血管疾病（冠状动脉疾病、心力衰竭、高血压）或代谢障碍（代谢综合征、肥胖）的患者进行HIIT运动或中等强度持续运动（MICT），并结合过去发表的10项研究结果进行荟萃分析（meta-analysis）后发现，进行HIIT运动者的最大摄氧量比进行MICT运动者高出9.1%。

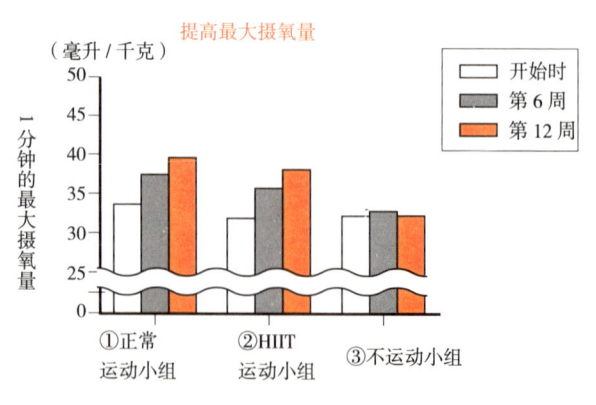

提高最大摄氧量

3-1 HIIT运动1分钟等于中等强度运动45分钟

■ 将伏案工作的20~30岁的27名男性按运动类型分为3组，观察12周内的变化。

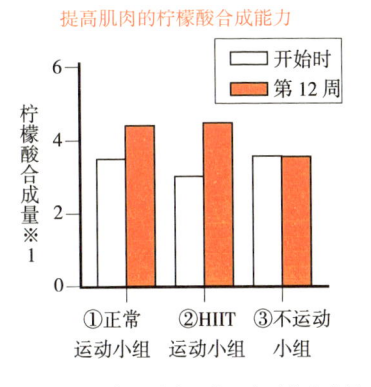

提高肌肉的柠檬酸合成能力　　　与线粒体相关的蛋白量增加

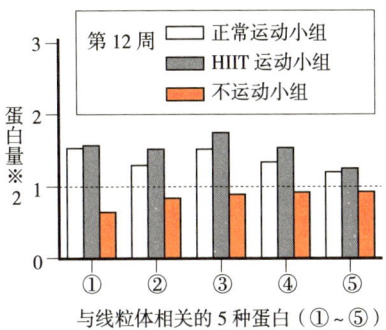

[图表：柠檬酸合成量（开始时/第12周），①正常运动小组 ②HIIT运动小组 ③不运动小组]

[图表：第12周 与线粒体相关的5种蛋白（①～⑤），正常运动小组/HIIT运动小组/不运动小组]

※1 每1千克肌肉1小时的合成量（单位：mmol）　※2 运动前的数值为1，各项与1的相对值

3-2　HIIT运动小组的线粒体相关数值有所提升

（图表根据Gillen JB等，PLOS ONE 2016年的资料改编。）

2018年进行的另一项调查中，对HIIT运动和MICT运动在心肌梗死后的康复治疗方面的运动效果进行了比较，结果发现：HIIT运动不仅能改善心脏功能，还能有效促进精神和身体活动力的恢复。

如上所述，HIIT运动对心脏功能的恢复具有卓越的效果，但对此肯定会有人担心"HIIT运动的安全性"。

从近几年关于HIIT运动的安全性的研究结果来看，即使对于患有心脏疾病或代谢性疾病的人，在所有运动方式中，HIIT并非特别危险。

当然，患有慢性病或宿疾的人需在医生的指导下进行。前文提到的将 HIIT 用于康复训练，必须通过专业设备进行，且全程须有专业人士指导和监督。

为了便于大家参考，以下列出不适合进行 HIIT 运动的健康状况，符合者请务必特别注意。一般来说，有以下病症的患者，医生都要求限制运动。

- 不稳定型心绞痛患者
- 急性失代偿性心力衰竭（ADHF）患者
- 1 个月以内的心肌梗死患者
- 1 年以内做过冠状动脉手术或动脉扩张手术的患者
- 需要限制运动的心脏疾病患者
- 重度慢性阻塞性肺疾病（COPD）、脑血管疾病、末梢血管疾病患者
- 控制不佳的糖尿病患者
- 重度高血压患者
- 重度神经疾病患者

◆ HIIT 运动重视的是短时集中的"运动密度"

即便是身体健康者,如果长时间持续高强度运动,也存在一定的风险。例如可能会导致身体受伤,或让心脏有承受过度负荷的风险。而 HIIT 运动重视的是短时间内的运动强度,不是"运动量",而是"运动密度"。

换句话说,对 HIIT 来说,"总运动量"并不重要。

HIIT 的目的是在控制整体运动量的同时获得高效的运动效果,所以 HIIT 与大量高强度运动是截然不同的两回事。

当然,对自己的体力有自信的人,或是因看了本书而开始进行 HIIT 运动且切实感受到体力得到提升的人,为了获得更好的运动效果,可能会不断增加一次连续运动的时间或运动组数。当然,可根据个人体力情况设定相应的运动套餐,但请牢记"比起运动量,更应重视运动密度"这个基本理念。运动过头或训练过度都有可能导致受伤。对 HIIT 来说,不是运动越多越好,高效才是 HIIT 运动的最大特征。

2 [抗衰老] 让细胞返老还童

◆ **和其他运动相比，HIIT 的回春效果更显著！**

先给大家介绍一组证实 HIIT 比其他运动项目综合效果更好的科学数据。

这组数据发表在知名科学杂志期刊《细胞代谢》(*Cell Metabolism*) 上。

这项研究的受测者分别为 18～30 岁的年轻组（34 人）和 65～80 岁的高龄组（26 人）。然后再将这两组分成以下三组："HIIT 运动组""肌力锻炼组""有氧运动＋肌力锻炼混合运动组"（有氧运动的强度不超过最大摄氧量的 70%），然后在 12 周后以科学方法验证运动效果。

◆ **结果一：最大摄氧量的增加**

图 3-3 中上图是年轻组和高龄组在运动前的最大摄氧量，

下图是经过 12 周运动后的最大摄氧量的增加量。

"不运动组"一栏的数据仅用作参考，用于观察 12 周完全没运动时最大摄氧量的变化。由图可知，不运动时，高龄组的最大摄氧量基本没发生变化，但年轻组的最大摄氧量数值下降了。

观察 12 周后的数值变化会发现，HIIT 运动组和有氧运动＋肌力锻炼混合运动组的最大摄氧量显著增加。

尤其是年轻组中进行 HIIT 运动者的最大摄氧量增加明显，有氧运动＋肌力锻炼混合运动组的最大摄氧量最高增加了 17%，而 HIIT 运动组的增加幅度高达 28%。

高龄组中，通过 HIIT 运动和有氧运动＋肌力锻炼混合运动训练，最大摄氧量都有明显提升。

仅进行肌力锻炼组中，不管是年轻组还是高龄组，最大摄氧量都没有明显增加。此项研究数据表明：只做无氧运动的肌力锻炼，在提高耐力方面效果有限。

运动前

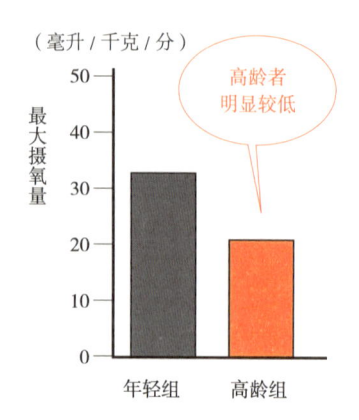

（毫升/千克/分）

最大摄氧量

高龄者明显较低

年轻组　高龄组

运动后

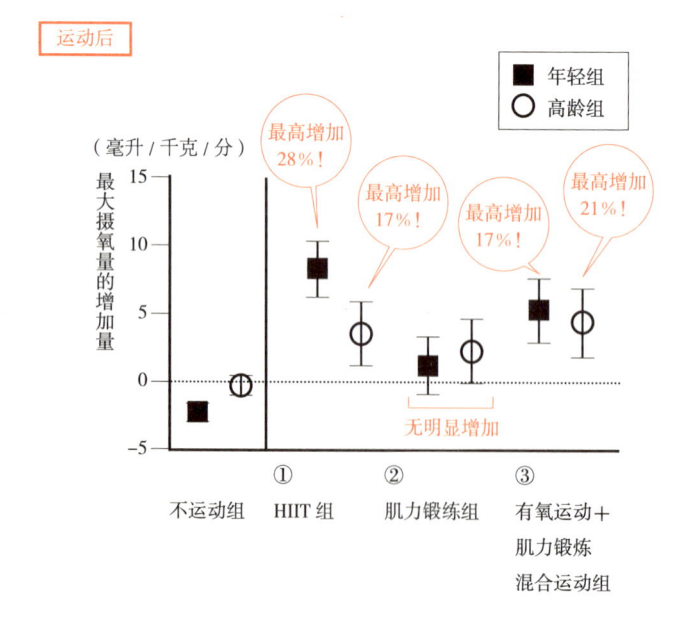

■ 年轻组
○ 高龄组

（毫升/千克/分）

最大摄氧量的增加量

最高增加 28%！
最高增加 17%！
最高增加 17%！
最高增加 21%！

无明显增加

不运动组　① HIIT 组　② 肌力锻练组　③ 有氧运动＋肌力锻炼混合运动组

①**HIIT 运动组：每周 3 次（一、三、五）**：通过固定式健身车进行 HIIT 运动。进行 10 分钟热身后，以最大摄氧量的 90% 以上的运动强度连续骑乘 4 分钟，然后休息 3 分钟（以无负荷的状态骑乘），共进行 4 组运动（合计 16 分钟）。最后做 5 分钟的缓和运动。

每周两次（二、四）：使用跑步机进行中等强度的持续运动。在 10 分钟的热身之后，以自己的步调（时速 3.2～6.4 千米）调整倾斜度，以最大摄氧量不超过 70% 的程度，健走 45 分钟。最后做 5 分钟的缓和运动。

②**肌力锻炼组**：每周进行 4 次肌力锻炼，周一、周四锻炼下半身肌肉，周二、周五锻炼上半身肌肉，并慢慢增加运动负荷。

③**有氧运动+肌力锻炼混合运动组**：周一至周五，5 天骑乘固定式健身车 30 分钟（包括 5 分钟热身，以不超过最大摄氧量 70% 的强度骑乘 20 分钟，5 分钟缓和运动）。每周 4 次，做完有氧运动后进行 30 分钟的肌力锻炼（周一、周四锻炼下半身肌肉，周二、周五锻炼上半身肌肉）。

不运动组：第③组在最初的 12 周保持不运动的状态（为了考察不运动的对照值而刻意设定的一组）。

结果证实，HIIT 运动组和有氧运动+肌力锻炼混合运动组一样，最大摄氧量得到提升！

3-3　HIIT 与其他运动的比较——最大摄氧量

■ HIIT 与其他两种运动的效果比较。

（资料来源：根据 Robinson MM 等，Cell Metab 2017 年的资料改编而成。）

◆ 结果二：线粒体最大摄氧量的增加

医学界会用"线粒体最大摄氧量"表示"氧气制造能量源（ATP）的能力"。上述研究中，同时也对线粒体最大摄氧量进行了观察，详情请参照图 3-4。图左侧所示的是 12 周不进行运动时最大摄氧量的变化量。

运动后线粒体最大摄氧量的变化与前述的最大摄氧量相似,但最瞩目的是 HIIT 运动组的增加量,无论是年轻组还是高龄组,都比进行其他运动的组获得了更高的改善效果。按"增加率"而不是"增加量"计算的话,==年轻组最高增加了 49%==,==高龄组最高增加了 69%==。

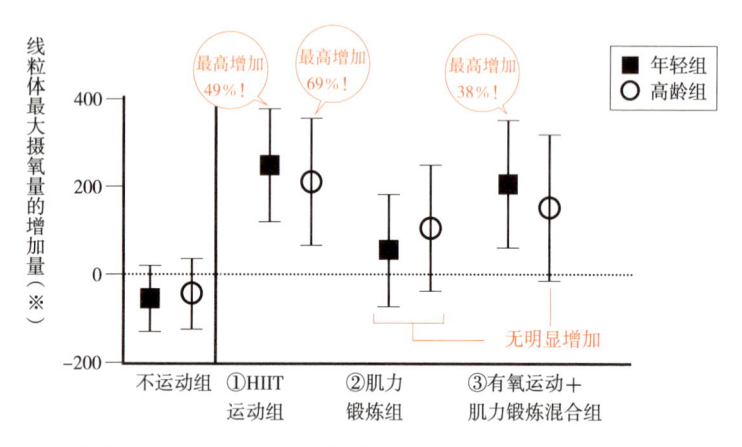

（※）平均每 50 毫克肌肉所含的线粒体,在每秒钟消耗氧气的增加量（单位：pmol）

与其他运动相比,HIIT 能活化线粒体

也就是说,身体变年轻了!

3-4　HIIT 与其他运动项目的比较——线粒体最大摄氧量[1]

■ 将 HIIT 与其他两种运动的效果进行比较,会发现改善效果惊人。

（资料来源：根据 Robinson MM 等,Cell Metab 2017 年的资料改编。）

---

[1] 线粒体最大摄氧量,用氧气制造出能量源 ATP 的能力。

◆ **结果三：遗传基因的正面效果**

令人惊异的是，研究结果发现，HIIT 对遗传基因也具有正向作用。

构成我们身体的细胞中都存在一种容纳独特的个人遗传信息（遗传基因）的物质。这就是由双螺旋结构构成，经常被称为"人类设计图"的 DNA。

近年来，解析自己的 DNA，以调查体质特征或人种起源等的研究也在不断增加。

但人们经常误解的是，虽说 DNA 会记录特定信息，但并不代表这些信息就一定全部显示出来（全部被读取）。

因此，即使遗传基因上为容易患糖尿病的体质（家族血统），也有的人一生都不会罹患糖尿病。

人体一边读取部分 DNA，一边生成遗传基因的产物——蛋白质。

这里的"部分"非常重要，意味着人体并非毫无遗漏地读取身体每个角落的信息。

而且，因体内条件不同，所读取的 DNA 的部分也不同。

例如，身体变胖后，与生活习惯病相关的信息就更加容易被读取。

现在的医学非常发达，目前已经可通过观察所谓的"RNA序列"来调查 DNA 的何种信息被读取了（即呈现何种遗传基因）。

这部分的机制非常复杂，简言之就是，RNA 有很多种类，"信息 RNA"仅是其中的一种，它可以"转录"部分 DNA 遗传信息。通过观察 RNA 序列，就可知道何种遗传信息被读取了。

上述研究中，也调查了在进行 HIIT 运动后，RNA 序列发生了何种变化。

研究结果显示，与年龄无关，受测者的身体都积极地读取了以下的遗传信息：

- 提高线粒体功能的遗传基因
- 加强胰岛素信号的遗传基因

虽然每个人身上都有这些遗传信息，但这个结果显示：通过 HIIT 运动，这些遗传基因更加容易被读取。

也就是说，进行 HIIT 运动后，不仅能使线粒体更活跃地产生能量，还可使降低血糖值的遗传基因更容易被读取。

顺道一提，通过运动或调节饮食等生活习惯，可使给身体带来不好影响的遗传基因更不容易被读取。

虽然不能消除遗传基因的信息，但可通过调整生活习惯，使其"退场"。

例如，即使是出生于糖尿病发病者较多的家庭，且拥有相同遗传基因的同卵双胞胎，如果他们的生活习惯不同，也有可能一人患上了糖尿病，而另一人却很健康。

3 [敏捷性] 动作变得敏捷

我们来看另一个研究成果。这是一个关于HIIT增强肌肉效果的研究。

此研究中，以 11 名男性为研究对象，让他们以每周 4 次的频率进行 HIIT 运动（通过固定式健身车进行训练，竭尽全力运动 20 秒后休息 10 秒，共进行 6～7 组），持续 6 周。

结果显示，股四头肌和腘绳肌（就是大腿后侧的肌肉，请参照图 3-5）的肌肉量明显增加了。

判断身体年轻的指标之一是"敏捷性"或"灵敏度"。

人是否能够敏捷地活动主要取决于所谓的"快肌"，快肌的肌肉量决定了瞬间爆发力。

人的肌肉大致可分为两种：一种是上述提到的"快肌"，另一种是"慢肌"。如以颜色来区分的话，可称为"白肌"和"红肌"。

慢肌对于耐力的影响很大，经常走路的人慢肌较发达，所以即使是年事已高的人，也可以平缓的速度进行长距离的步行、远足或登山等活动。

但是，即使平时有步行习惯，如果不对快肌有意识地进行锻炼的话，随着年龄增长，快肌会越来越少。

最容易减少的是股四头肌与腹肌。

大腿和腹部都是支撑身体的重要部分，所以这些部位的肌肉减少的话，自然导致动作变缓，这就是典型的"老化现象"。

也可以说，"快肌的衰老"是"身体老化"的标志之一。

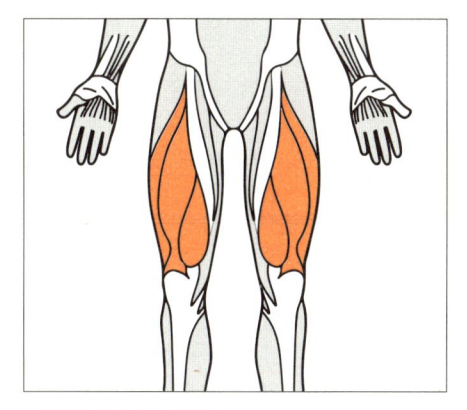

●股四头肌（从正面看）

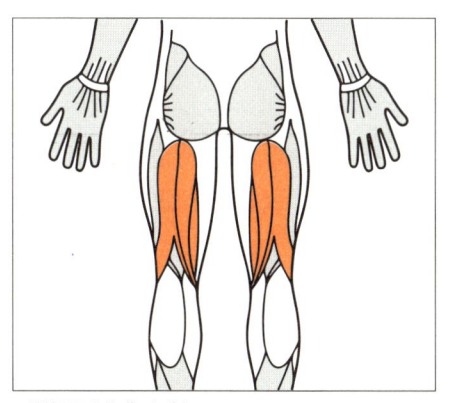

●腘绳肌（从背后看）

3-5 HIIT 可以预防因老化导致的快肌减少

■ 随着年龄的增长，大腿前侧的股四头肌与后侧的腘绳肌将随之变弱。而 HIIT 可针对这些肌肉进行集中锻炼。

尤其是大腿的股四头肌随年龄增长而更易萎缩，所以也可以说，HIIT 具有防止老化的效果。另外，股四头肌是全身肌肉中最大的一块，所以如果股四头肌变大的话，代谢能力也会提升，从而使人不易变胖。

其中最一目了然的指标就是"走路的速度"。

走在街上时你会发现，即使岁数相同，人的走路速度也会不同。

当然，也有一些人是因为走累了所以放缓脚步，但总是走路缓慢的人，基本说明他的快肌已经衰退了。

"走路越慢的人，死亡风险越高。"

可能你听过这样粗暴的言论，实际上这种言论也有医学数据支撑。以前在日本东京进行的调查也得出了相同的结果。

举例来说，甚至从高龄者的步行速度就可在某种程度上推算他还能活几年。

运动时不对快肌施加最大肌力的40%以上的负荷就达不到运动目的，而走路时股四头肌的最大肌力为5%，就算快走也只能用到15%左右。

由于腰腿开始衰弱，所以要尽量多爬楼梯！相信读者中肯定有不少这样的人，但爬楼梯时的负荷也仅为15%左右。

想要锻炼腰腿肌肉，恢复以前那种利落飒爽的步伐以及朝气蓬勃的动作的话，我还是强烈推荐HIIT运动。

HIIT所推荐的运动项目基本上使用到全身肌肉，但最主要还是向股四头肌、腹肌、背肌等大块肌肉施加负荷的运动，所以，持续几个月坚持HIIT运动，不仅能提高肌肉耐力，还能有效地锻炼快肌，使动作恢复到以前的敏捷性。

4 ［减肥］不运动时脂肪也会持续燃烧

◆一边减脂，一边增肌的梦幻般的运动方法

HIIT运动的减肥效果也很明显，而且还具有独特的瘦身方式。

坚持HIIT运动，可在几个月内使体重减少0.5～4千克，这与慢跑等中等强度持续运动的效果一样。看到这里，也许有人会问："什么？就这点效果……"各位先别急，请听我说完。

其实，如果仅从减脂的效果来看，HIIT 比慢跑的效果更好。

HIIT 对于减少腹部周围的脂肪和内脏脂肪尤其有效，这点将在后面详述。

那么，为什么 HIIT 在减少体重方面与其他运动没有差别呢？这是由于坚持 HIIT 锻炼时，脂肪减少的同时，肌肉也增加了。

如果你曾经有过认真减肥或进行肌力锻炼的经验，那你应该很清楚实现"减脂的同时增肌"的难度。

即便到了专业运动器材一应俱全的健身房锻炼也一样费时费力。一般是先在跑步机上进行 30 分钟左右的有氧运动（目的是燃烧脂肪和提高基础代谢率），之后再进行肌力锻炼。

而 HIIT "仅仅靠一项运动"就能同时做到这两件事。

开始运动时，为了尽早感受到运动效果，所以频繁站到体重秤上观察体重变化，这是人的天性。

但此时，不应只关注体重变化，还应关注体脂率的变化。

持续进行 HIIT 运动的话，即使你的体重变化不大，但体重中脂肪已经被肌肉代替了。

所以，只需持续进行 HIIT 运动两三个月，身体线条就会明显发生变化。即使体重没发生变化，但此时的身体已经是结实的肌肉型体质。

◆ HIIT 运动后身体不易反弹！

只减脂肪的减肥与增肌减脂的减肥有着天壤之别。

前文所述的身体线条等外在因素当然也是激发运动的动机，但更重要的是，你可以拥有"肌肉量增加且不易反弹发胖的体质"。

此外，就像前文所提到的，持续进行 HIIT 运动还能改善线粒体的数量和质量。

因此，进行 HIIT 运动时，人体细胞会不断地吸入氧气作为燃料，并将从食物中摄取的营养分解成 ATP（能量的来源）。

如将人体比喻为工厂的话，就是因生产线规模扩大和稼动率[①]提高，所以 ATP 产量也得到提升。而且，即使是不运动的一般运转，ATP 的产量也会提高。

---

① 稼动率（activation 或 utilization）：指设备在所能提供的时间内为了创造价值而占用的时间所占的比重。它反映了一台机器设备实际的生产数量与可能的生产数量的比值。——译者注

一般运转情况下的ATP产量，即所谓的"基础代谢率"（基础代谢率是指假设一整天都不活动，人体为了维持生命所需消耗的能量。据说，我们日常生活中所消耗的能量的七成就是基础代谢率）。

如果基础代谢率上升，那么摄入体内的营养或氧气等生产资源就不会被浪费了。

导致人体发胖的原因是人体工厂中还有没使用完的过剩的营养成分。所以我们靠HIIT运动来增加肌肉时，虽然吃进和平时一样的食物量，但也不再那么容易长赘肉了。

另外，研究表明，HIIT运动还具有抑制食欲的效果。

进行剧烈运动时，因血液中的乳酸值和血糖值升高会导致食欲不振，尤其在进行HIIT运动时，胃中刺激食欲的饥饿激素（Ghrelin）的浓度也会下降。

◆ 运动后脂肪仍继续燃烧的后燃效应

关于HIIT的减脂机制已陆续得到研究证实。

就线粒体来说，研究发现线粒体量的增加和质的提升，也会促进脂肪分解（氧化），而且，因运动刺激而导致儿茶酚胺

（catecholamine，是肾上腺素、去甲肾上腺素和多巴胺的总称）分泌的增加也会促进脂肪分解。

在各种机制中，特别希望各位关注的就是"后燃效应"。后燃效应也被称为运动后过耗氧量（EPOC：Excess Post-exercise Oxygen Consumption），简单解释就是，**运动过后耗氧量仍比平时大，而且持续产生能量的状态**。

此时，**身体优先燃烧脂肪以作为能量来源**。

仅靠轻度运动无法获得充分的后燃效应。

EPOC效应要用最大摄氧量50%~60%以上的运动强度，而且运动越多效果越好，在运动后还会持续3~14小时，有时甚至持续24小时。

下面来看2017年发表的一项研究成果。这项研究对HIIT与后燃效应的关系进行了调查。

这项调查中，将18~35岁的男性分为HIIT运动组和持续运动组。

两组在运动后的摄氧量和能量消耗量如图3-6所示。

研究中，虽然持续运动组进行了相当费力的运动，但仍发现HIIT运动组与其相比，在两项数值中均维持较高水平。

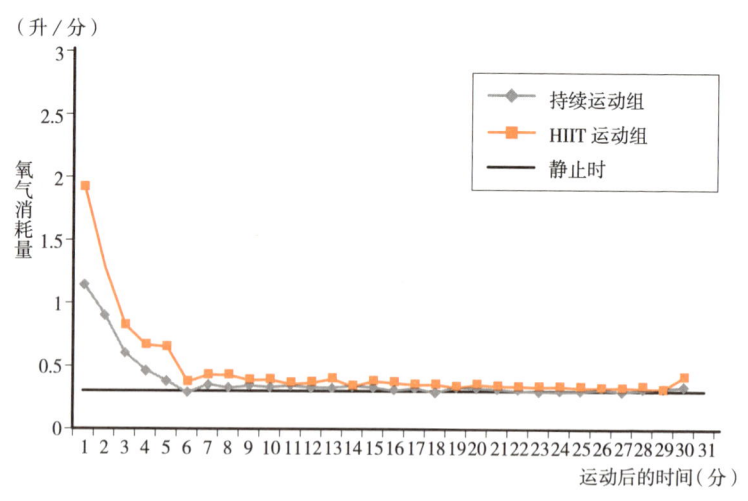

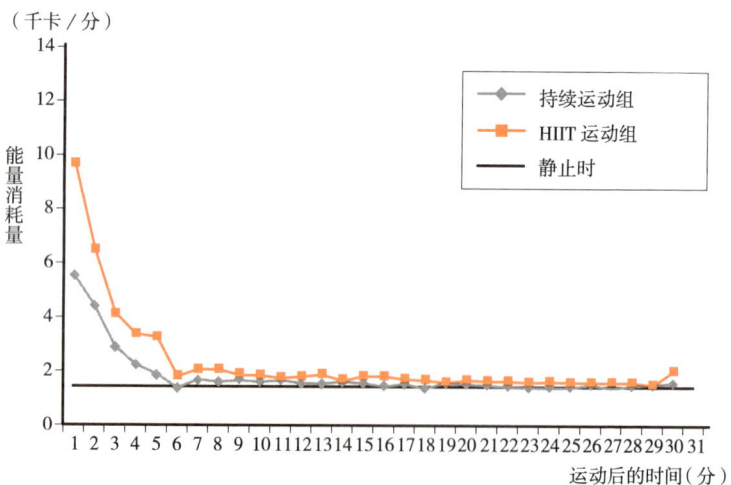

3-6　HIIT 运动后仍持续消耗能量，后燃效果较好

■ 和持续运动组相比，HIIT 运动组在运动后仍持续消耗能量。

（资料来源：根据 Schaun GZ 等，Eur J Appl Physiol 2017 年的资料改编。）

这就是后燃效应，持续进行HIIT这类高强度运动的时间越长，后燃效应持续的时间就越长。

换言之，假如你在早上进行HIIT运动，那么至少整个上午，你的身体都是处于容易消耗能量的状态（脂肪容易被燃烧的状态）。

HIIT本身的运动时间很短，所以可能会有人质疑"这么短时间的运动，为什么能够燃烧脂肪呢"。这是因为在进行高强度的运动后，身体会出现后燃的反应和变化。

◆ **对于让人介意的小腹也大有效果！**

近年来，聚焦于HIIT运动的减脂效果的研究越来越多，2018年在运动医学领域的科学杂志上，发表了对39项研究进行综合分析的结果。受测者共计617名男女（平均年龄38.8岁）。

结果证实，进行HIIT运动的男女都获得了如下运动效果：

- 总脂肪量减少
- 内脏脂肪量减少
- 腹部脂肪量（腹部的皮下脂肪量＋内脏脂肪量）减少

顺便提一下，与皮下脂肪相比，内脏脂肪是通过改善饮食习惯就较容易减掉的脂肪。例如被诊断为"脂肪肝"的人，有时只需通过限制热量摄入便可得到很好改善。

相反地，皮下脂肪（从身体表面可以捏到的部分）则很难减掉。我想因"挑战了各种减肥方法，但肚子的皮下脂肪就是很难减掉……"而烦恼的应该大有人在。HIIT运动不仅可减少内脏脂肪，还可有效减少皮下脂肪，所以，我希望大家一定要试试HIIT运动。

有研究将HIIT运动与中等强度的持续运动的减脂效果进行了比较。

这项研究以45名年轻女性（20岁左右，BMI[①]指数在23

[①] BMI（Body Mass Index）：一般指身体质量指数，简称"体质指数"，是国际上常用的衡量人体胖瘦程度以及是否健康的一个标准。计算公式为：BMI=体重÷身高^2。（体重单位：千克；身高单位：米）——译者注

左右）为受测对象，将其分为 3 组：HIIT 运动组、持续运动组、和平时一样组，观测各组在 15 周后脂肪量的变化。

> ■【HIIT 运动组】用固定式健身车以"竭尽全力骑 8 秒＋慢骑 12 秒"为 1 组运动，共进行 60 组（合计 20 分钟）。每周 3 次。
> ■【持续运动组】用固定式健身车以最大摄氧量 60% 的运动强度持续骑乘。开始时每次运动 10～20 分钟，随后慢慢延长到 40 分钟。每周 3 次。
> ■【和平时一样组】不刻意改变日常的活动状态，持续 15 周。

结果，如图 3-7 所示，不管是全身的总脂肪量还是腹部周围的脂肪量，HIIT 运动组比其他两组明显减少了。

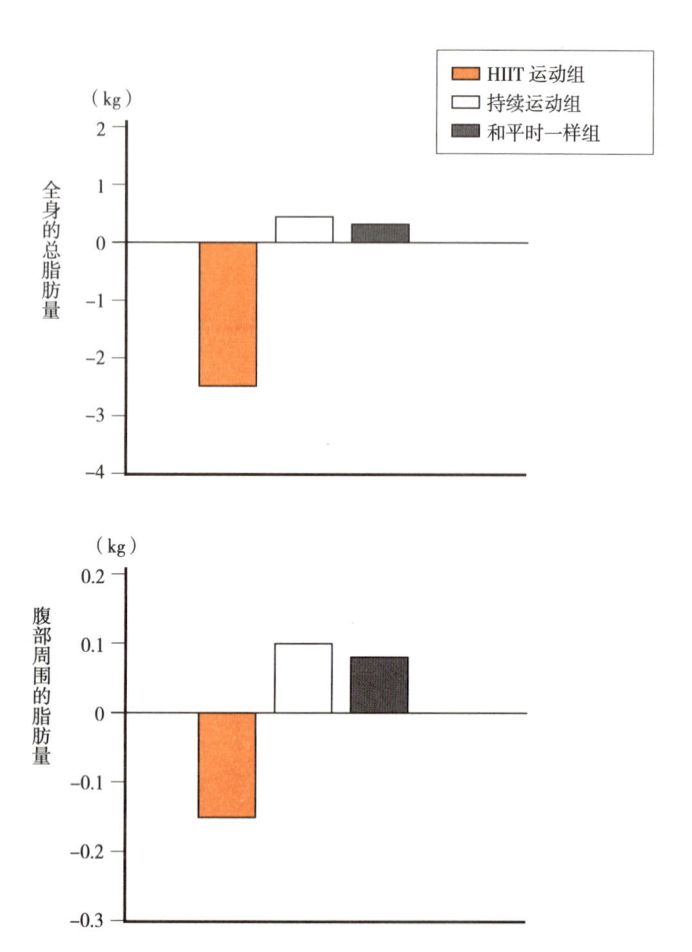

3-7　HIIT 出色的减肥效果

■ HIIT 运动组中,全身脂肪和腹部脂肪比其他两组明显减少。因此也可说,HIIT 具有出色的减肥效果。

(资料来源:根据 Trapp EG 等,Int J Obes 2008 年的资料改编。)

但是，仅看本项研究结果，并不能就此得出"HIIT 可以减肥，而持续运动无法减肥"的结论。

在这项研究中，持续运动组之所以没有瘦下来（脂肪反而增加了），据推测可能是因为运动负荷过轻。

这个问题姑且不论，在此我想强调的是：==HIIT 具有出色的减肥效果，而且能用更短时间的运动打造出瘦后不易反弹的体质==。

◆ 短时间内难以显现减肥效果

如上所述，HIIT 作为减肥手段虽然有效，但身体并不会马上就有所显现，为了能实际感受到成效，持之以恒非常重要。

某项研究结果显示，只坚持 HIIT 运动两个星期，在统计学上并没观察到身体组织（体脂或肌肉量等）及有氧耐力发生显著变化。

这是因为，只持续两个星期的话，线粒体刚刚发生变化，所以还未能带来肉眼可见的形式上的变化。

如果想通过 HIIT 运动短时间内就获得明显减肥效果的话，结合饮食调节法进行效果更佳。

此时最为推荐的是地中海膳食模式。详情参见第 5 章内容。

5 [长寿] 降低死亡风险

◆ 久坐不动会增加死亡风险

一般来说，运动能降低罹患各种疾病的风险，这是众所周知的事。

但是你知道吗？即便有运动习惯，有一种行为还是会提高死亡风险。

那就是"久坐"。

也许你也曾听说过"久坐不动对健康不利"这样的话。

2012年澳大利亚研究团队发表的一项以22万人为对象的大规模调查结果表明，坐着的时间越长，死亡风险越高（参照图3-8）。

而且，该项研究结果显示，"坐着"有别于其他身体活动，是独立存在的危险因子，即使是有运动习惯的人，久坐的话死亡风险也会提高（虽然死亡风险比无运动习惯者低）。

后来，全世界开始进行相关研究。

2015年，一项对这些研究进行综合分析（Meta-analysis）的成果，也得出了同样的结论：

坐着的时间越长，罹患糖尿病、心血管疾病以及癌症的风险就越高，死亡的风险也会上升。

我在得知这个研究结果后，就购买了容易调节高度的办公桌，在必须长时间伏案工作时，我会尽量站着工作。结果发现，站着工作时并没感觉那么累，这很出乎我的意料。尤其是在午饭后最容易被睡魔侵袭的"饭困"（食困）时间里，也不太有困倦感。所以，我认为非常值得向大家推荐。

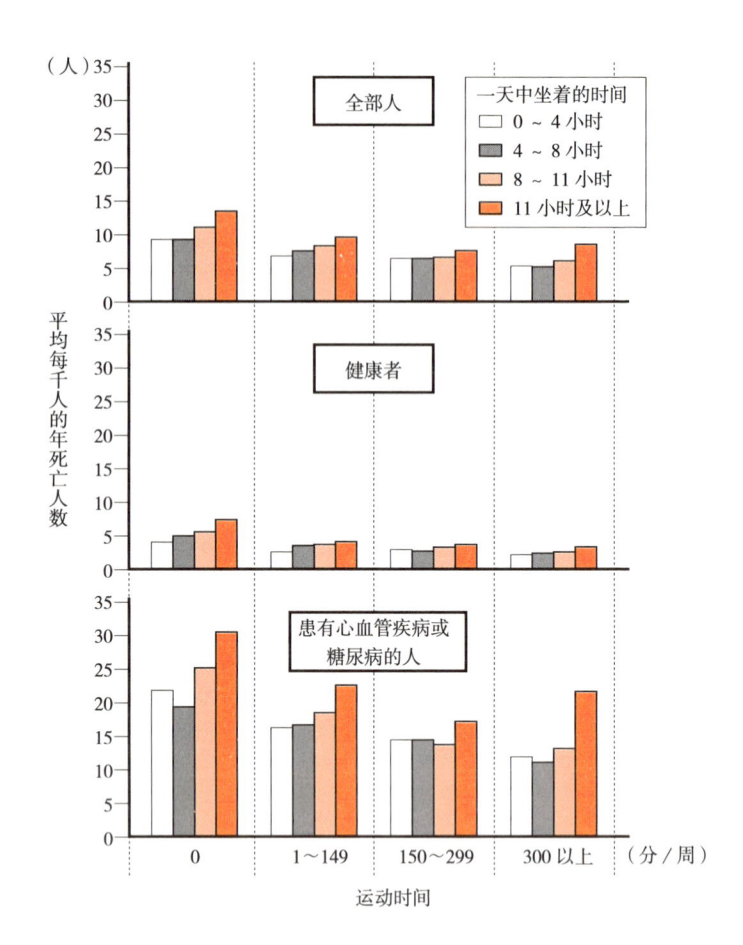

3-8 坐着的时间越长，死亡率越高

■ 无论是否有运动习惯，坐着的时间越长，死亡的风险越高。这是对澳大利亚 22 万名成年男女进行调查研究后得出的结论。

（资料来源：根据 van der Ploeg HP 等, Arch Intern Med 2012 年的资料改编。）

此外，其他研究也证实了久坐不动所带来的风险。

染色体的末端存在一个被称为端粒的部分，在细胞增生的过程中，反复进行必要的细胞分裂时，端粒随之变短。研究显示，端粒越长，人越有可能长寿。美国的一项以 1297 名高龄女性为研究对象的调查表明，==久坐不动的时间越长，端粒就越短==。

以伏案工作为主的办公室一族可能会说"伏案非我所愿也，而是工作所需"。

话虽如此，==但是每久坐一小时仅仅起身活动两分钟，也能降低死亡风险==。

比如接打电话时，可在办公室里边走动边打，或者起身泡杯咖啡等。

另外，在条件允许的情况下，也可考虑在办公场所进行 HIIT 运动（尤其是居家办公者或办公场所空间较大或像我这样研究室里只有自己一人）。

第 4 章我将介绍几个以体验者身份挑战 HIIT 运动的人，其中一个就是在深夜无人的公司会议室里进行 HIIT 运动。而这位体验者成功降低了体重及体脂。

有一点与前述的减肥项目中的后燃效应是相通的，就是与三小时久坐不起的状态相比，坐下一小时后起身进行六分钟的 HIIT 运动，就算之后的两小时一直坐着不动，身体的代谢系统和循环系统仍持续亢进，所以身体的摄氧量保持上升状态。

6 ［糖尿病］
　　血糖值大幅下降

◆ HIIT 运动对 2 型糖尿病也有极佳的改善效果

现在我想向担心自己血糖值的人推荐 HIIT 运动，尤其想推荐给非常注意饮食但却没有运动习惯的人。

据推测，日本疑患糖尿病的成年人超过 1000 万人

（HbA1c[①]值＞6.5%）。而且即将加入糖尿病大军的人数（HbA1c 值在 6.0%～6.5%）也达 1000 万。

如此规模庞大的患病人数说明糖尿病离现代人并不遥远，所以，HIIT 对糖尿病预防和病状改善的效果也备受期待。

近几年，关于 HIIT 对改善糖尿病症状的研究明显增多。

HIIT 给肌肉带来的变化大致可分为如下三种：

1　提高肌肉运动能力（促进肌质网内钙离子的吸收）

2　增加最大摄氧量（改善线粒体的数量和质量）

3　促进细胞内葡萄糖（glucose）的吸收（GLUT4 的增加）

尤其是 2 和 3 会影响到血糖值。

GLUT4 是指人体内负责运送葡萄糖的分子，GLUT 是 glucose transporter（葡萄糖转运蛋白）的简写。

葡萄糖转运蛋白有很多种类，其中与糖尿病关系最密切的

[①] 糖化血红蛋白（HbA1C）是血液中的血红蛋白与葡萄糖结合的产物。HbA1C 的测定可以反映一个人在过去两到三个月的血糖的平均水平，被用作糖尿病的诊断标准之一。

是 GLUT4。

GLUT4 就像一辆卡车，将葡萄糖搬进细胞内，所以，GLUT4 越多，搬入细胞内的葡萄糖量就越多。

人体的机制是，当血液中的葡萄糖增加时，胰脏会分泌出胰岛素，而胰岛素向细胞发出"快吸收葡萄糖"的指令。

但是，2 型糖尿病患者的细胞本身已经很难再吸收糖分。

这就是所谓的"胰岛素敏感性降低"或"胰岛素抵抗上升"的症状。

为了提高胰岛素的敏感性，方法之一是改善线粒体的数量和质量，即增加能量生产工厂，并且提高各工厂的生产能力。

另一方法就是增加 GLUT4。

这是因为无论能量生产工厂再怎么增加，如果搬运燃料（葡萄糖）的卡车（GLUT4）数量没有增加，葡萄糖终究进不到能量生产工厂中。

而在这一点上，HIIT 运动不仅消耗葡萄糖，同时还解决了线粒体和 GLUT4 的问题，因此 HIIT 非常有助于恢复胰岛素敏感性及改善血糖值。

前文所介绍的加拿大麦克马斯特大学（McMaster

University)的调查研究中，也对运动12周后胰岛素敏感性的变化进行了调查，结果发现HIIT在改善胰岛素敏感性方面同样表现出色（详见图3-9）。

◆ 麻烦的运动靠HIIT运动很快就结束

另有调查结果显示，2型糖尿病患者进行HIIT运动后，仅过两周（每周运动3次，共6组运动），血糖值就明显得到了改善。

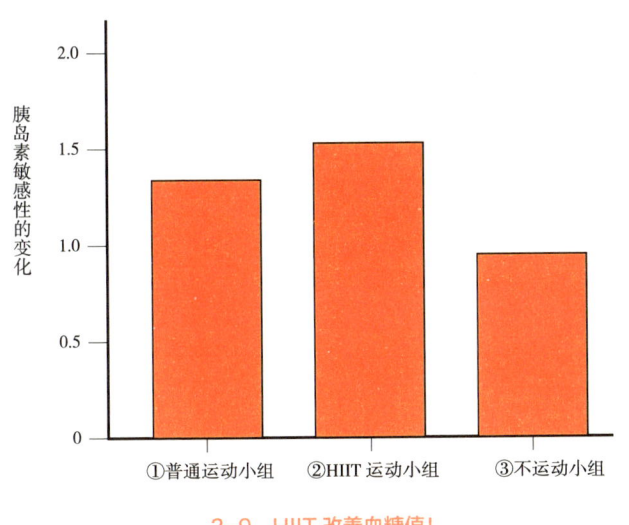

3-9 HIIT改善血糖值！

■ HIIT 运动小组在坚持 HIIT 运动 12 周后,胰岛素敏感性显著改善。

①普通运动小组
运动强度为 45 分钟内最大心率的 70% 以下,持续骑乘健身车 45 分钟(每周 3 次)。
②HIIT 运动小组
在施加负荷的踏板上竭尽全力踩 20 秒钟,以两分钟间隔,重复 3 次。
③不运动小组

※图中所示的是运动 12 周后胰岛素敏感性是运动前的几倍。

(资料来源:根据 Gillen JB 等, PLOS ONE 2016 年的资料改编。)

这项研究的对象为 8 个人,平均年龄为 62.5 岁,平均 BMI 值为 31.7。每组 HIIT 运动包括以最大心率的 80%～90% 竭尽全力骑乘健身车 1 分钟,然后休息 1 分钟,共进行 10 组运动。

结果,受测者的股外侧肌(即股四头肌中最大的肌肉,位于大腿的外侧)的 GLUT4 增加了 3.7 倍。

顺便提一下受测者血糖值的变化,受测者 24 小时血糖值平均降到 136～118 毫克／分升。

强调一下,这是进行 HIIT 运动仅两个星期所带来的变化。

对于 2 型糖尿病患者,医生肯定会建议患者注意减肥和运动。而且要求减肥和运动同时进行。

"罹患糖尿病后,要改变饮食习惯,不要过多摄取糖分",这样的因果关系想必大家一看就能理解。

另一方面，仍有不少糖尿病患者认为"如果饮食习惯是罹患糖尿病的原因，那通过改变饮食习惯来达到减肥的目的不就好了。而且，只要控制糖分的摄入就不用运动了"，因此轻视了运动。

或许还因为他们想象不到运动给身体所带来的体内变化。HIIT 运动（或者其他所有运动）可增加线粒体和 GLUT4 的数量，从而使身体更容易消耗葡萄糖，如果明白这个道理，可能会对运动抱有稍微积极的心态。

在对 HIIT 运动和中等强度的持续运动对于 2 型糖尿病患者的改善效果进行综合分析（整合了 13 项研究 345 人的数据）后发现，HIIT 在改善糖化血红蛋白（HbA1c）、体重、BMI 和最大摄氧量方面表现更出色。

已经罹患糖尿病但抽不出时间运动的人，请向主治医师咨询后，试着挑战 HIIT 运动。

◆ 睡眠不足是糖尿病的大敌

本节内容里，我想给大家介绍除了暴饮暴食和运动不足之外，其他不为人知的糖尿病的风险因素。

胰岛素抵抗性上升的两大主因是肥胖和运动不足。因此，提到 2 型糖尿病患者，可能会有人认为"得糖尿病的人本来就胖，平时吃很多。所以这个病跟自己没什么关系"。

但是，糖尿病的病因并非只有以上两种。

和美国人相比，日本人就算不胖，罹患糖尿病的人还是很多，近年来的研究发现，睡眠时间不足可能是导致现代人罹患糖尿病的原因之一。

有项研究以 1559 名非糖尿病患者的美国成年人为研究对象，对睡眠时间和血糖值上升风险的关系进行了研究。

结果显示，两天里睡眠时间不足 11 小时的人血糖值上升的风险明显增加。

研究发现，睡眠时间少的人会出现糖耐量异常（IGT，Impaired Glucose Tolerance），指将上升的血糖值降低的体内能力变差。

糖耐量异常与睡眠质量下降有着紧密关系，有报告指出，平时睡眠正常且生活方式健康的人，即使只是深度睡眠（非

REM 睡眠[1]）受到短暂影响而造成睡眠质量变差，也将导致胰岛素抵抗性变高，从而进入血糖值难以降低的状态。

图 3-10 所示的是健康的、年轻的成年人在连续 3 天深度睡眠受到影响的情况下，其糖耐量降低的详情。结果显示，不管是身体多么健康的年轻人，睡眠质量一旦降低，就会立即出现糖代谢异常。

---

[1] 非 REM 睡眠：指没有快速眼动期的睡眠。在这段睡眠期间，大脑的活动下降到最低，使得人体能够得到完全的舒缓。——译者注

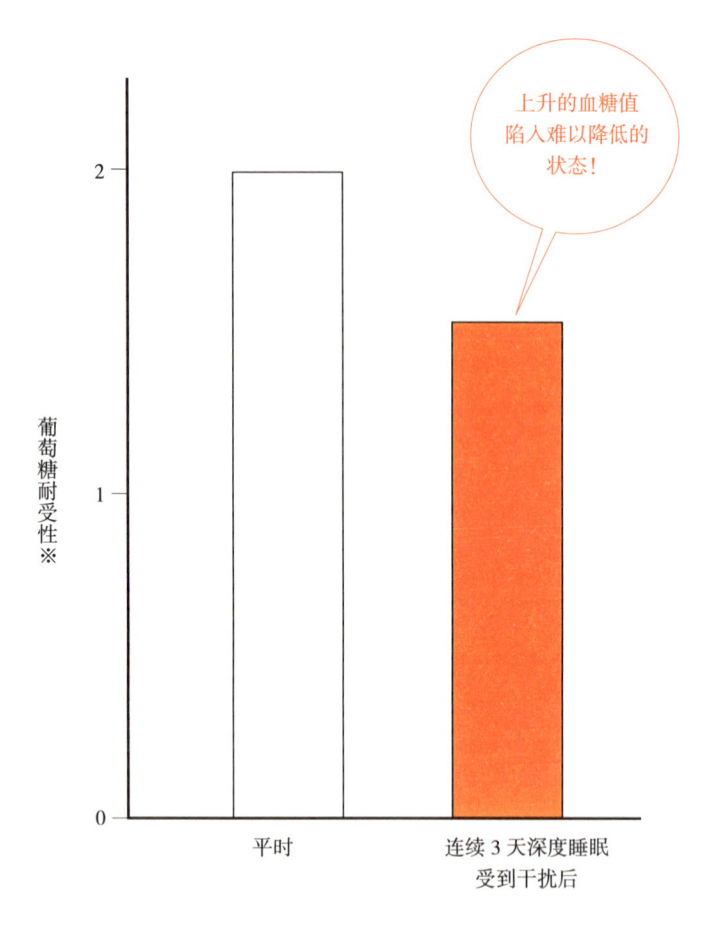

[图表：柱状图]
- 纵轴：葡萄糖耐受性※
- "平时"柱高约 2
- "连续3天深度睡眠受到干扰后"柱高约 1.5（橙色）
- 标注：上升的血糖值陷入难以降低的状态！

3-10　不管多健康，睡眠质量变差都会导致糖代谢异常！

■ 即使是健康的年轻人，如果连续3天深度睡眠（非REM睡眠）受到影响，也会导致糖耐量异常。

※服用葡萄糖后，在胰岛素的作用下每分钟血糖值所降低的比例（%/分）。

（资料来源：Tasali E 等，根据 Proc Natl Acad Sci USA 2008 年的资料改编。）

◆ 即使睡眠不足，HIIT 运动也能抑制血糖值上升

为什么睡眠时间短或者睡眠很浅就会导致血糖值上升呢？原因有二。

其一是压力。

如果正常的睡眠受到干扰，身体就会分泌一种被称为皮质醇的压力激素，而皮质醇会抑制胰岛素信号传达。

换言之，胰岛素发出的"吸收葡萄糖"的指令难以发送出去。

另一原因是游离脂肪酸的增加。

游离脂肪酸是中性脂肪分解时所产生的物质，肥胖者血液中所含的游离脂肪酸较多，会提高胰岛素抵抗性，是血糖值升高的主要原因之一。

研究发现，在正常睡眠被干扰的情况下，这种游离脂肪酸将会增加（虽然增加的详细机制还未得到明确证实）。

也就是说，充足且优质的睡眠可以起到预防疾病的作用。话虽如此，对于天天被工作、家务、育儿或晚间应酬等追赶、背负着巨大压力的人，也不是说句"啊，原来如此"就能轻易增加优质的睡眠时间的。

其实，HIIT是最适合这类人群的运动方式，因为不管是什么生活模式，都能比较轻松地把HIIT安排进生活中，培养运动习惯。

在一项以11名18～35岁的健康男性为对象的研究调查中，也确认了只要24小时不睡觉，血糖值就会上升，且胰岛素抵抗性也将提高。

同时研究还发现，即使是睡眠不足的状态，只要进行HIIT运动，也能抑制血糖值升高和胰岛素抵抗性上升。

理由有二：一是HIIT具有强力的糖代谢改善效果（能量消耗及改善线粒体和GLUT4），二是HIIT可降低游离脂肪酸。

7 ［高血压］
可降低过高的血压

◆ 高龄者坚持 HIIT 运动 6 周后，血压降低了 9%

有调查数据显示，HIIT 运动可有效降低高血压。

该研究以 12 名 65 岁左右的英国男女为调查对象，让其中一半的人进行 HIIT 运动，另一半的人进行平时运动，每周两次，6 周后观察他们身体机能的变化。

HIIT 组的运动方式是让男性在施加了相对于自身体重 7%（女性同比为 6.5%）负荷的健身车上尽全力骑乘 6 秒钟。

之后至少休息 1 分钟，在心率降到 120 次 / 分时再次尽全力蹬踏。

刚开始时 1 天进行 6 组运动，之后慢慢增加，直至 1 天 10 组。

结果发现，仅是这 6 秒的 HIIT 运动就给身体各方面都带来了效果。

最大摄氧量增加8%，身体的敏捷性等也提高了。

改善效果最明显的是收缩压，比进行HIIT运动前足足降低了9%。假设运动前的血压为140的话，运动后降到了127。

虽说是竭尽全力的运动，但是仅运动6秒钟就可获得如此神奇的效果，不觉得很惊人吗？

8 ［胆固醇］
　　有益胆固醇增加，有害胆固醇减少

◆ **很好地平衡有益胆固醇和有害胆固醇的比例**

胆固醇分有益胆固醇和有害胆固醇两种。

有益胆固醇（HDL，High-Density Lipoprotein，高密度

脂蛋白）能将多余的血脂运到肝脏，同时可减少多余的有害胆固醇，因此被称为"有益胆固醇"。

相反地，有害胆固醇（LDL，Low-Density Lipoprotein，低密度脂蛋白）则将血脂送到全身。

如果 LDL 胆固醇过多，血管中的脂质也将增多，可能导致动脉硬化，所以被称为"有害胆固醇"。

体检时，体检表中也写有总胆固醇值，但比起总胆固醇值的高低来，有益胆固醇和有害胆固醇的比例更重要。

即使总胆固醇值偏高，如果有益胆固醇较多，且与有害胆固醇比例平衡，也不会有什么问题。

相反地，即使总胆固醇值不是很高，但是有益胆固醇少、有害胆固醇多的话，则要改善了。

有综合分析指出，与通过慢跑等持续性运动来降低有害胆固醇的方法相比，通过 HIIT 运动来提高有益胆固醇的方法效果更好。

9 [认知机能] 增加脑细胞，提高信息处理能力

◆ 增加认知机能和记忆不可或缺的蛋白质

最近，各种关于HIIT的研究结果都表明，HIIT不仅可以打造健康的体质，还能为脑神经细胞带来好的影响。

人体中存在一种被称为BDNF（Brain-Derived Neurotrophic Factor，脑源性神经营养因子）的蛋白质，它可以促进脑细胞增加和成长。

运动可促进BDNF的产生在医学领域已广为人知，2015年一项以老鼠为研究对象的研究结果揭示，比起中等强度的持续运动，HIIT运动更能促进脑内BDNF的增加。

2018年公布的另一项以老鼠为研究对象的研究结果还发现，通过让老鼠进行HIIT运动，可以提高老鼠大脑海马体中BDNF的产生数量，BDNP是认知机能和记忆不可或缺的重要物质含量。

调查人体中 BDNF 的方法之一是检查血液中的 BDNF 含量。

调查结果显示，进行 HIIT 运动后，血清中的 BDNF 浓度上升。

在另外的研究中还发现，只进行一次 HIIT 运动便可增加 BDNF，这表明 HIIT 运动可能有助于提高认知机能。

◆ 就算是高龄者，脑细胞也会增加！

我在大学学习解剖学时，教授告诉我们"成年后脑细胞会一直不可逆地死去"。

现在可能还有人对这样的说法坚信不疑。

确实，人的脑细胞是有寿命的，已经死去的脑细胞不可能再复活。

但与此同时，人类具备生成新的脑细胞的能力。

而且，这种能力与年龄无关，高龄者也同样具备生成新的脑细胞的能力。

增加脑细胞最简单的方法就是进行有氧运动。

有数据显示，有健走习惯者不易患认知障碍症，可推测这与通过运动产生新的脑细胞有关。

但是，这并不意味着只要运动就好，还须注意不要摄入过多的热量。

一般来说，肥胖是导致认知障碍症的风险因子。这是因为如果过多摄入热量，脑细胞就不易增加。

但反过来说，如果脑部得不到充分的营养，也会导致脑细胞减少。

简单说就是，适当控制饮食和运动非常重要。

如果想通过运动和饮食来增加脑细胞的话，我推荐"尝试着学习新事物"。

举例来说，即使你现在是个绘画小白，只要认真学习素描并且孜孜不倦地画下去，几年后，应该也能画出一些有模有样的作品。

这是因为当事人的大脑当中，掌握轮廓、驾驭画笔这些能力的特定领域的脑细胞增加，变得发达。

人们将在工作中学习新事物的过程称为"积累经验"，但脑科学领域对此的解释是"让大脑的结构和机能变成符合该工作的状态"。

大脑根据情况产生新的脑细胞，而脑细胞之间通过突触扣结（synaptic bouton）创造新连接的现象被称为"大脑的可塑性"。

为了促进"大脑的可塑性"，不断制造 BDNF 非常重要。

因此，如果各位读者今后想学新事物或掌握新技能，先养成如 HIIT 这样的运动习惯，增加了 BDNF 之后再去学习新事物，或许进步会快些。

反过来说，如果长年运动不足、饮食生活混乱，而且对新事物毫无好奇心，脑细胞将不可逆地减少，你将慢慢变成一个"头脑僵化"的人，患认知障碍症的风险也会变高，所以需要特别注意。

◆ 提高信息处理能力

HIIT 运动除了可增加 BDNF 这种蛋白质之外，近年来越来越多的研究团队开始对 HIIT 运动给大脑带来的实际改善效果进行调查。

2018 年，有项研究对受测者大脑的执行功能（executive function）进行了调查。

执行功能是指"为了有效完成一系列活动以达到目的所需

的大脑机能"。

平日工作中，有时会感到"今天头脑清醒、神清气爽"，能毫无差错且高效地完成工作，但有时也会感到"今天不知怎么了，脑袋就是不听使唤"。

这种差异源自被称为"大脑司令塔"的前额叶皮层（prefrontal cortex）是否发挥了重要功能之一的"执行功能"。

此项调查中，为了对执行功能进行定量测量，采用了脑科学领域公认的"斯特鲁测试"[①]（让受测者说出颜色的名称，而非所写文字的字义。如，在一列绿色文字中看到用红色笔写出的"绿"这个字时就按下"×"按钮，并对其反应时间进行测定）。

受测者被分为两组，首先让全体受测者接受斯特鲁测试。然后，让其中一组进行 10 分钟 HIIT 运动（热身 2 分钟＋以最大负荷的 60% 骑乘健身车 30 秒＋休息 30 秒，共进行 8 组），之后休息 15 分钟。

[①] 斯特鲁测试（Stroop Test）：又称"斯特鲁色词测验（Stroop Color-Word Test）"，是斯特鲁（Stroop）为了研究干扰的影响而于 1935 年编制的一套测试方法。即在卡片上用红、绿、黄、蓝四种颜色写上表示颜色的词语，让受测者判断这个词语的颜色而非该词的词义。——译者注

另一组直接休息 25 分钟。最后再让全体人员接受斯特鲁测试。

测试结果如图 3-11 所示。

将两组受测者回答出正确答案所需的反应时间进行比较发现，一直休息没运动的组在第二次测试时反应时间变长（信息处理能力变迟钝），而进行了 HIIT 运动的组的反应时间变短（反应速度提高）。

也就是说，HIIT 运动提高了大脑的信息处理能力。

此时采用 NIRS（near-infrared spectroscopy，近红外光谱成像）仪来观察大脑的变化，结果发现，进行 HIIT 运动后的受测者在信息处理等与高阶脑部功能相关的左脑背外侧前额叶部位中的氧合血红素增加了。

氧合血红素增加表明该部位变得活跃了。

〈斯特鲁测试〉

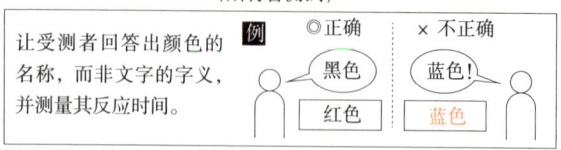

让受测者回答出颜色的名称，而非文字的字义，并测量其反应时间。

例　◎正确　×不正确
黑色　蓝色！
红色　蓝色

〈进行斯特鲁测试时，HIIT组和一直休息没运动组各自的反应时间〉

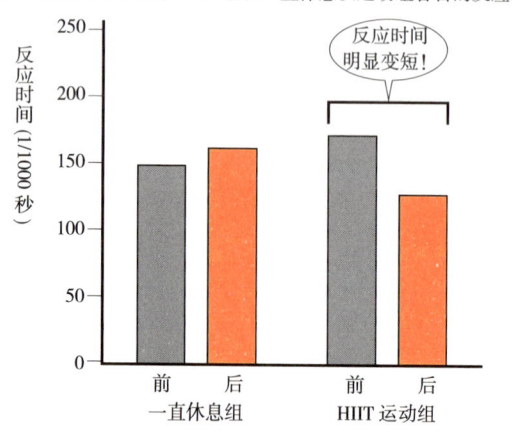

反应时间明显变短！

反应时间（1/1000秒）

一直休息组　前　后
HIIT运动组　前　后

3-11　进行HIIT运动后信息处理的速度提升

■ 对大脑的执行功能进行测量后发现，HIIT有助于提高信息处理能力。

（资料来源：根据Kujach S等，Neuroimage 2018年的资料改编。）

◆ 运动可以调整大脑状态

我本人多在早上进行HIIT运动，运动后才开始写书稿或论文，很多时候专注力会提升很多，且工作进展顺利（其实本书的文章大部分也是在进行8分钟HIIT运动后的上午写的）。

或许会有人觉得，运动之后的疲劳会导致专注力下降……其实，由于 HIIT 的运动时间非常短，所以运动之后几乎没有疲劳感。

目前，"运动不仅适合用来调整身体状态，在调整大脑状态方面也非常有效"这个说法在医学界已经根深蒂固。所谓运动，当然也包括 HIIT。

其机制虽还未完全得到阐明，就当下来说，可以认为是通过如下机制使脑内环境得到改善的。

- 促进 BDNF 等神经营养因子的分泌
- 增加脑部血流（运动让氧化的血输送到脑部，从而促进脑血管的新生）
- 促进脑细胞的新生
- 增加与信息处理相关的神经传导物质（多巴胺或肾上腺素等）

研究表明，比起没有负荷的运动，施加某种强度（中等以上）负荷的运动对改善脑内环境更有效。

10 [持续性] 看到运动效果才能持之以恒

◆ 运动不持之以恒就没有意义

为了减肥或维持健康挑战各式各样的运动,结果都没能坚持下去……

我想,这样的人应该不在少数。

对身体施加负荷的运动,无论如何都会伴随着"辛苦",所以心理上产生抗拒反应也是理所当然的。

能否坚持运动的关键在刚开始运动时,即所谓的"习惯巩固期"。

只要挺过这一关键时期,运动就会慢慢变成生活中理所当然的事,无须依赖意志力或理性,也能逐渐养成运动习惯。

例如,刚加入体育类社团的新生等,在经历暑假集训后会慢慢习惯比较累人的运动,当初刚加入社团时的负面反应也会渐渐消失。

但是，体育类社团除了运动目的之外，还有"赢得胜利""精进比赛项目"等简单明确的目标，所以运动动机较容易维持。

问题在于以减肥或维持健康等为目标的运动。

如果没有迫切的理由，意志力不强的人往往难以将运动持之以恒地进行下去。

有调查显示，HIIT 更容易让人感受到运动的乐趣。

作为一名医生，我当然希望更多人养成运动习惯，并能够感受到运动的乐趣，我认为这是非常重要的。

◆ 12 人中有 11 人回答 HIIT 运动"令人满意"

下面介绍几个数据，这些数据都是从运动乐趣的角度，对 HIIT 和中等强度持续运动（慢跑等）进行比较的结果。

某项研究以 12 名健康男女为对象，让他们使用健身车做两种模式的运动。

模式一：以最大负荷的 45% 连续骑乘 20 分钟，即一般的有氧运动。

模式二：以最大摄氧量的 85% 的负荷骑乘 1 分钟，再加 1 分钟的恢复时间（以 25% 的负荷骑乘），共进行 8 组。这就是

HIIT运动。

结果表明，模式二的 HIIT 运动结束时疲劳感较强，但 HIIT 的"乐趣程度得分"明显更高，这是 12 人中的 11 人回答完 17 个问题后所计算出来的结果，即，比起中等强度持续运动，受测者更喜欢 HIIT 运动。

据该研究团队推测，HIIT 运动的乐趣程度更高的理由可能是"时间效率高，刺激不同，且具有一定的挑战性"。另外，我认为喜欢 HIIT 的受测者人数更多的原因是，达成了自己设定的挑战目标，因而获得了自信。

也有研究对 6 周的运动乐趣得分进行了调查。

此项调查中，以经常久坐的大学生为对象，将他们分成 HIIT 运动组和中等强度持续运动组，让他们每周使用固定式健身车运动 3 次，共进行 6 周。

HIIT 运动组的运动方式是：以最大心率的 90%～95% 运动 1 分钟，之后进行极轻度运动，再休息 1 分钟，以此为一组，共进行 10 组（合计 20 分钟）。

中等强度持续运动组以最大心率的 70%～75% 进行运动，为了与 HIIT 运动消耗同等能量必须持续运动 27.5 分钟。

而且，每周五运动过后以问题表检视"运动乐趣程度"，结果发现中等强度持续运动组的乐趣程度从平稳向减少的方向发展，相反，HIIT 运动组的乐趣程度则越来越高。

图 3-12 明确显示了 HIIT 和中等强度持续运动的乐趣程度的差异。

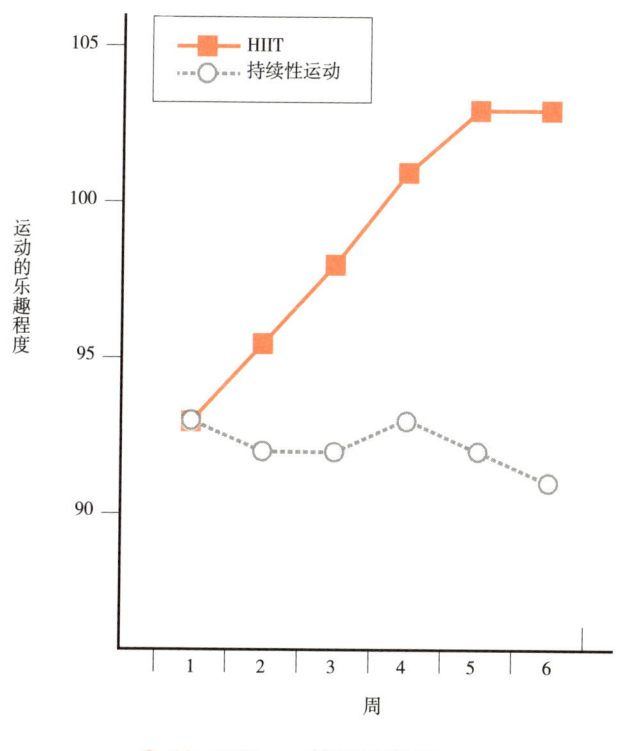

3-12　HIIT ——越运动越快乐！

■ 比较 HIIT 和持续性运动的"乐趣程度",发现 HIIT 持续越久乐趣程度就越高。

※运动乐趣程度得分(用 7 个等级对 18 个问题进行评比的合计值)6 周平均值的演变。分值越高,表示乐趣程度越高。

(资料来源:根据 Heisz JJ 等,PLOS ONE 2016 年的资料改编。)

◆ HIIT 运动的特征"低放弃率"

也有研究对运动的放弃率(中途放弃运动)进行了调查。

研究团队将经常久坐的 34 名受测者随机分成 3 组,并让他们以每周两次的频率坚持运动 8 周。

■【HIIT 运动组①】以最大心率的 85%~95% 运动 4 分钟,共进行两组,每周两次(包括热身运动,每周合计运动 30 分钟)。

■【HIIT 运动组②】以最大心率的 85%~95% 运动 1 分钟,共运动 5 组,每周进行两次(包括热身运动,每周合计运动 28 分钟)。

■【中等强度运动组】以中等强度负荷运动(骑乘固定式健身车),每周 1~2 次(包括热身运动在内,每周合计运动 76 分钟)。

结果发现，在 8 周结束之前，受测者的放弃率分别为：HIIT 运动组① 17%，HIIT 运动组② 8%，中等强度运动组 37%。

与中等强度运动组中每 3 人中至少有 1 人放弃的比例相比，HIIT 运动组②里约 12 人才有 1 人放弃的比例尤其引人注目。当然，同为 HIIT 运动的组①和组②中，运动时间越短放弃率越低的现象也值得重视。

此项调查同时也证实了 HIIT 运动具有良好的训练效果。

三个运动组的最大摄氧量的增加程度如下所示。

- HIIT 运动组①＝增加 20%
- HIIT 运动组②＝增加 27%
- 中等强度运动组＝增加 16%

与中等强度运动组相比，运动时间缩短了 60% 的 HIIT 运动组，至少在最大摄氧量方面，即提升持久力方面表现出强大的效果。

◆ HIIT 运动能持之以恒的秘诀

下一章中将给大家介绍在家里也能进行 HIIT 运动的菜单，但如果三天打鱼两天晒网，就无法获得本章中所介绍的运动效果。

因此，在此介绍几个能将 HIIT 运动持续下去的秘诀。

秘诀之一就是不要把运动时间设定太长。

除上述研究外，其他研究结果也显示，从医学成效上看，每组运动的时间越长（连续运动时间＋休息时间 =1 组运动的时间）效果越值得期待，但会降低运动的乐趣。

一项以肥胖者为对象的研究结果显示，1 组运动时间若超过两分钟，那么运动乐趣就会降低，运动时间为 30 秒或 60 秒时运动乐趣最高。

也可以说，这组数据阐明了 HIIT 运动的本质。

因为一般人能够将 HIIT 这类高负荷运动坚持下去的"唯一"理由就是让运动者心里有底——"虽说辛苦，但很快就结束"。

"辛苦也只是一下下而已"和"这种辛苦还得持续一会儿啊……"在精神层面上给人的感受是完全不同的。

前者给人一种"再努力一下就撑过去了"的极富挑战性的感觉，而后者仿佛是必须自己一人单打独斗的耐力比赛。

如此一来，最后能将运动坚持下去的人可能仅限于毅力坚定或原本就有运动经验的人。

另外，一次运动的总计运动时间越短越容易让人坚持下去，所以进行 HIIT 运动时，总计运动时间最好不要超过 20 分钟。

刚开始运动时因运动动机强烈而容易过度逞强，首先，不妨把整体时间限定在 10 分钟左右（包括热身运动）。

◆ 让家人或朋友一起进行 HIIT 运动就会成功！

除了设定条件之外，另一个想推荐给大家的能够让我们更容易将 HIIT 运动坚持下去的秘诀，就是和别人一起进行 HIIT 运动。

最理想的是邀请亲近的人一起开始 HIIT 运动。夫妻、情侣、朋友或公司里志同道合的同事都很合适。

一般来说，如果想要持续做某件事，和伙伴一起做更容易坚持下去，也有研究数据证实了这种说法。

一个人养成运动习惯的最大障碍就是"运动动机不强"。

很多人开始运动的理由，出乎意料地都源自外部因素。

例如："不运动不行啊，医生已经告诫我了。""要不要减肥呢？身边同事都这么瘦。"

有很多类似的状况。

以这类外在因素作为开始运动的动机的话，十分脆弱，只要稍感辛苦就有可能放弃。

另一方面，如果和多人一起进行某事，就与其他人产生了某种关联，而这种关联将会产生新的动机。

以 HIIT 为例，可能会产生如下情感关联。

"很享受互相鼓励的氛围和运动劲头。"

"可以分享完成运动后的成就感，很开心。"

"连女朋友都那么努力运动，我也得加油呀！"

2015 年，英国一项以 50 岁以上的男女为对象的调查结果显示，==当伴侣在身体上变得更有活力时，另一方也容易变得有活力==。这种现象很明确地反映在统计数字上（参照图 3-13）。

也就是说，如果邀请太太或先生一起进行 HIIT 运动，彼此相互激励，坚持下去的可能性很高。

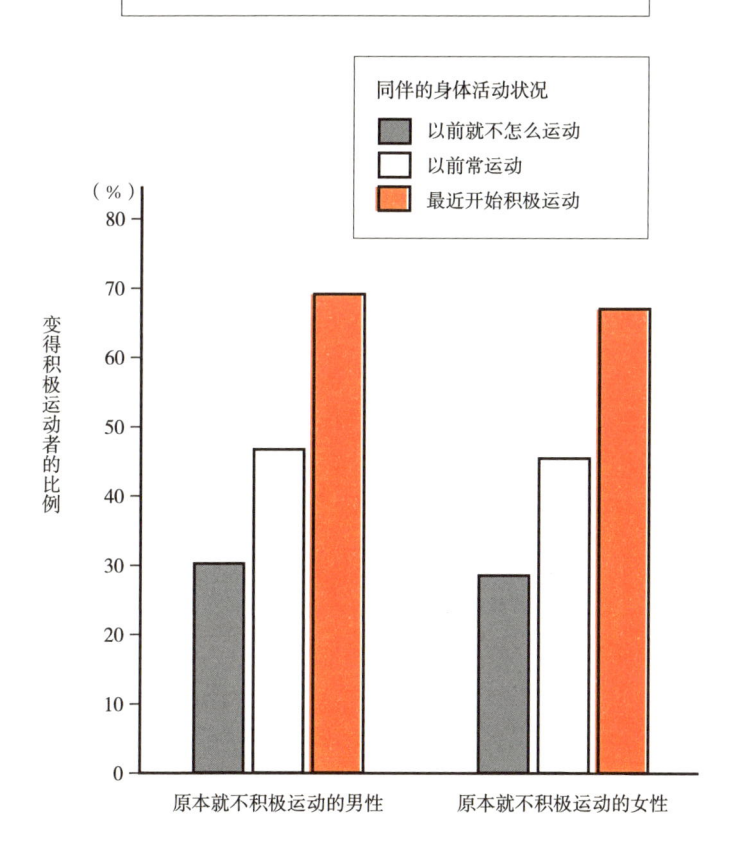

- 研究对象：英国 50 岁以上的男女 3722 人
- 观察期间：两年

同伴的身体活动状况
- 以前就不怎么运动
- 以前常运动
- 最近开始积极运动

3-13　和伙伴一起开始运动，更容易养成运动习惯

■ 比起一个人运动，找人一起运动更容易坚持下去。

（资料来源：根据 Jackson SE 等，JAMA Intern Med 2015 年的资料改编。）

CHAPTER 4

首先每天做 4 分钟！
在家就能完成的 HIIT
运动课程

[第1节] TIPNESS式 HIIT课程体验

▶不招人烦的1个月16种课程

在短时间内就能获得极佳运动效果的HIIT，目前在健身运动文化发达的美国也是最受欢迎的锻炼方法（在Fitness Trends 2018中荣获第一名），也是负责监修本章内容的健身俱乐部TIPNESS中受欢迎的运动方法之一。如今，HIIT在日本也慢慢有了知名度。

无运动习惯的人想要在家里进行HIIT，最棒的就是不需要专业器械、在狭小空间也能进行，而且只要做几个简单动作就能达到使躯体及下肢的大块肌肉运动的目的。但是，如果运动内容过于单调就容易使人腻烦，所以本章中我准备了16种运动内容（包括在健身房中进行的两种运动）介绍给大家。

▶基本是以"（20秒运动+10秒休息）× 8组"为一回合

TIPNESS最推荐的HIIT运动课程的基本模式是"（20秒运动+10秒休息）× 8组运动"。即以高负荷（高强度）运动20秒后休息10秒，再进行下一组运动，共重复8次。

刚开始时，运动强度以"有点吃力"（稍微有点喘）的程度为宜，之后再慢慢提高强度。

以正确的姿势进行运动效果更好。

休息或轻松踏步
10秒

运动
20秒

[第2节] 提高 HIIT 效果　运动前后的伸展

▶ **运动前轻微活动以提高肌肉温度**

热身运动的目的是防止受伤。让身体有节奏地运动起来，"让血液流贯肌肉以提高其温度（解除肌肉疲劳）"以及"拓展肌肉和关节周边的可动域"，越是没有运动习惯的人越要注意热身运动。

热身！

POINT 1
反复屈伸膝盖（左右移动重心），让身体变得更容易活动

POINT 2
持续运动，直至感觉全身体温上升

POINT 1

轻轻活动身体，让心率（慢慢）下降

POINT 2

通过（静态）伸展和深呼吸放松身体

▶轻柔地伸展运动后的肌肉

缓和运动主要包括伸展和深呼吸。很多人轻视缓和运动，但缓和运动对于消除疲劳和打造不易受伤体质非常重要。因为承受负荷的肌肉中累积了老旧废弃物和疲劳物质，如果这时突然停止运动的话，这些物质就会直接累积在身体里。

运动后的伸展运动可将血液中的废弃物及疲劳物质等排出，深呼吸可以促进血液循环，进而促进这些物质的分解。

[第3节] 不让肌肉厌烦！ HIIT 课程的做法

▶先坚持一个月，挑战一次 4 分钟的 HIIT 运动！

这次我给大家准备了 4 份运动菜单（每周 1 份，一个月的量）。首先把这四周运动菜单做一轮。这次介绍 TIPNESS 的 HIIT，先从一天 4 分钟（一个回合）开始，之后慢慢增加次数。但因为当身体感到负担时往往就会无法坚持下去，所以不要逞强，一天最多做 20 分钟（五个回合）就好。运动频率为每周三四次即可，最好避免连续几日都做。

每周都更换运动菜单，除了为了避免对运动感到腻烦，还为了避免肌肉对刺激产生厌烦感。所以，为了提升运动效果，运动内容轮替也很重要。

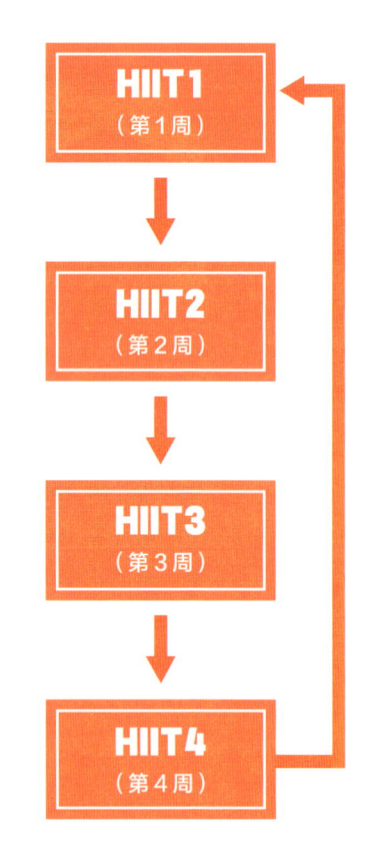

HIIT1（第1周）
↓
HIIT2（第2周）
↓
HIIT3（第3周）
↓
HIIT4（第4周）
↻

例：HIIT1

[1. 深蹲]　　　　　[2. 原地登山式]

20秒 — 休息10秒 → 20秒

↑ 休息10秒　　　　　↓ 休息10秒

1~4 进行两个回合

[4. 棒式伏地挺身] ← 休息10秒 — [3. 提臀]

20秒　　　　　　　　　　　　　20秒

▶ **通过 4 种运动轮替，让肌肉永不厌烦！**

　　一个回合的运动由 4 种运动组成，按顺序进行，进行两个回合。由于全身肌肉和关节都被均匀施加了负荷，所以可获得匀称的体态。

CHAPTER 4　首先每天做 4 分钟！在家就能完成的 HIIT 运动课程

129

[HIIT1]
第1周 总之先做完！

1 深蹲

锻炼部位 腿部（大腿肌）、臀部（臀大肌）

20秒

1 双脚与肩同宽，抬头挺胸，脚尖稍微向外站，膝盖和脚尖朝同一个方向。

约与肩同宽

2 想象坐在椅子上，蹲低使大腿与地面平行，接着站起。快速重复这个动作。

NG

膝盖不要超过脚尖！
不要驼背！

[2 原地登山式]

锻炼部位 腹部（腹直肌、腹横肌）

成一条直线

20秒

1 双手撑地，从头至脚成一条直线。想象有一根棍子穿过体内。

2 双脚轮流屈膝，屈膝时膝盖接近手肘。快速交替。膝盖不可触地。

NG ✗ 背部和臀部不要上下晃动！

CHAPTER 4 首先每天做 4 分钟！在家就能完成的 HIIT 运动课程

131

3 提臀

锻炼部位 背部（竖脊肌）、臀部（臀大肌）

20秒

1 仰躺，膝盖弯曲，脚踝在膝盖正下方的位置。

身体呈一条直线

2 一边抬起单脚，一边撑起腰部，身体呈一条直线后，把脚放下，同时也把腰放下。双脚交替，重复这个运动。

身体呈一条直线

NG 撑起腰部时，脚不要放下来（胸部到脚要呈现一条完美的直线）！

4 棒式伏地挺身

锻炼部位 胸部（胸大肌）、肩部（三角肌）、上臂部（肱三头肌）

20秒

身体成一条直线

1 俯卧，手肘放在肩膀的正下方。从头到脚成一条直线。

2 两只手的手掌轮流撑地。

提起臀部和腰部

3 两手掌撑地后，用手臂和胸部的力量提起上半身。再让两只手的手肘轮流贴地，重复动作。

NG ✗ 注意腹肌，不要让腰部上下移动！（不要让臀部掉下来！）

CHAPTER 4　首先每天做4分钟！在家就能完成的HIIT运动课程

[HIIT2]
第2周 继续使劲燃脂!

1　宽距深蹲

锻炼部位　腿部(大腿肌)、臀部(臀大肌)

20秒

1 双脚大幅张开,脚尖朝斜前方展开。双手交叉,取得平衡。抬头挺胸。

2 蹲低让大腿与地面平行,维持上半身挺直,再站起来。

NG
膝盖不可超过脚尖!
不要驼背!
膝盖与脚尖要始终保持同一方向!

2 棒式开合跳

锻炼部位 腹部（腹直肌、腹横肌） 20秒

1 双手撑地，双脚并拢，头到脚成一条直线。

身体成一条直线

2 两腿同时张开，再同时收回来，快速重复。

NG ✗ 不要拱起腰部！

CHAPTER 4 首先每天做4分钟！在家就能完成的HIIT运动课程

135

3 背部延伸

锻炼部位 背部（背阔肌、竖脊肌）

20秒

1 俯卧，下巴微微抬起，手背朝上，放在臀部旁边。

2 抬起上半身和下半身，下半身尽量保持不动；将意识放在背部，上半身上下运动。

两边肩胛骨会更靠近

POINT

背部发力，使肩胛骨相互靠近！

4 旋转跳

锻炼部位 全身、腹部（腹斜肌）

20秒

1 双脚分开与肩同宽；双臂张开，与肩同高。

2 上半身保持朝向正前方，下半身一边左右扭转一边跳跃。

只扭转腿部

POINT
上半身持续向着正前方，只扭转腿部！

CHAPTER 4 首先每天做 4 分钟！在家就能完成的 HIIT 运动课程

> [HIIT3]
> 第 3 周 身体已经慢慢习惯 运动开始变轻松

[**1 后弓箭步**]

锻炼部位 腿部（大腿肌）、臀部（臀大肌）

20秒

90度

1 单脚往后跨一步，身体蹲低，让前脚膝盖的角度成 90 度。

2 注意力放在前脚的臀部，抬起身体，大致成站立姿势后换另一只脚动作。

NG

抬头挺胸（不要拱背），上半身和膝盖不要超过脚尖！

2 侧棒式

锻炼部位 腹部（腹斜肌、腹横肌）

20秒

1 身体朝侧面，手肘放置于肩膀正下方。身体成一条直线。

2 头与手肘保持不动，腰部左右活动（从正面看是上下活动）。做两组运动后换另一侧（另一只手）进行。

NG ✗ 身体要始终朝向正前方！腰部不要掉下来！

3 超人爬行

锻炼部位 臀部（臀大肌）、背部（竖脊肌、斜方肌）

20秒

1 俯卧，双手向正前方举起，双手双脚稍稍抬离地面。

左脚　右手　右脚　左手

2 对角线的手和脚为一组，快速轮流向上抬起。

NG
手脚不要贴地！

[4　波比跳]

锻炼部位 全身

20秒

7 站起来。

1 站直。

6 双脚复位（恢复蹲下的状态）。

2 蹲下，手撑地。

5 用伏地挺身的方式抬起上半身。

3 双脚向后蹬（使身体成一条直线）。

4 胸部贴地。

POINT
要快速顺畅地完成这一系列动作！

CHAPTER 4　首先每天做 4 分钟！在家就能完成的 HIIT 运动课程

141

[HIIT4]
第4周 充分感受后燃效应

1 滑冰选手跳

锻炼部位 腿部（大腿肌）、臀部（臀大肌）

20秒

1 像滑冰选手一样，单脚向前，另一只脚交叉在后，蹲低，用双手保持身体平衡。

2 前伸的脚用力踩地，横向跳跃，另一只脚往前着地后再度蹲低。

NG 前伸的脚的脚尖和膝盖不要朝向外侧！

[2 抱膝式]

锻炼部位 腹部（腹直肌）

20秒

1 坐在地上，双手后撑（手撑在屁股后）。双腿伸直并稍稍离地。

两腿伸直

膝盖靠近胸部

2 抬起上半身，让膝盖靠近胸部。再让上半身往后倒，双腿再伸直。

POINT
举起膝盖，直至大腿与地面成直角状！

CHAPTER 4 首先每天做 4 分钟！在家就能完成的 HIIT 运动课程

[3 开合跳]

锻炼部位 腿部（大腿肌）、臀部（臀大肌）

1 向上跳，跳跃时双手打开与肩膀在同一水平线上，同时打开双脚，落地时腰部下沉。

2 保持上个姿势往上跳，落地时双手收起且双脚并拢。快速重复此动作。

POINT
落地时要弯曲膝盖！

4 伏地挺身

锻炼部位 胸部（胸大肌）、肩部（三角肌）、上臂（肱三头肌）

1 俯卧，手放在胸部旁边（此时手肘的角度为90度）。

90度

2 使身体保持直线状态，意识放在胸部肌肉上，身体上下活动。

NG 从头到脚要保持直线状！手肘的位置不要超过肩膀！

CHAPTER 4 首先每天做4分钟！在家就能完成的HIIT运动课程

145

> **+α**
> 若想获得更好的效果，
> 就去健身房进行 HIIT 运动吧!

[1 划 船 机]

锻炼部位 腿部（大腿肌）、背部（阔背肌、斜方肌） 20秒

1 膝盖弯曲，紧握把手。

2 一边注意不要拱背，一边快速伸直膝盖，拉绳。

POINT
不要只用手部力量拉拽！腋下收紧用力拉拽！

2 健身绳

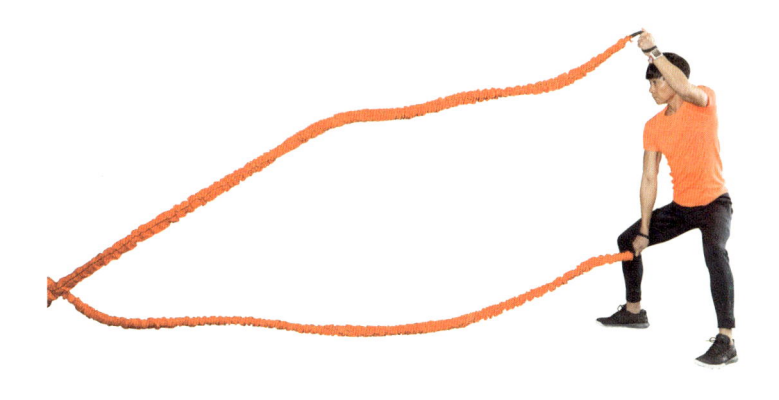

锻炼部位 全身

20秒

1 用左右手各执一根健身绳快速上下甩动。

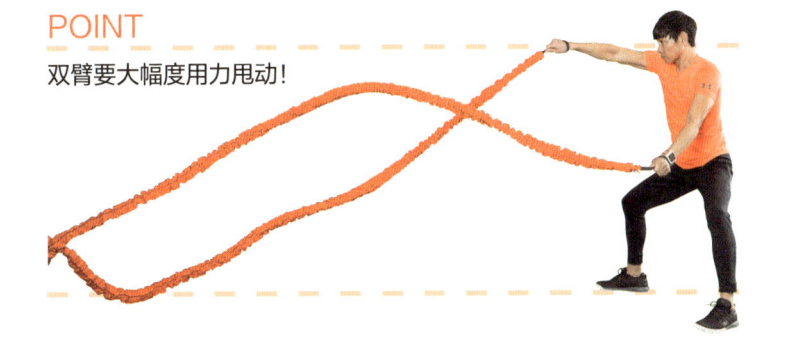

POINT

双臂要大幅度用力甩动！

CHAPTER 4 首先每天做4分钟！在家就能完成的HIIT运动课程

147

尝试进行 HIIT
HIIT 体验记

　　前文我已经大致介绍了 HIIT。然而，进行 HIIT 运动后，到底能获得多大的运动效果呢？为此，我特意邀请了五名 30～40 岁的男性进行为期两个月的 HIIT 实践，运动频率是每周三次左右。

　　这五名受测者在进行 HIIT 运动之前并无运动习惯，他们苦于"对腹部赘肉有点在意……""体检时被医生提醒要注意内脏脂肪……""差不多是时候减肥了……"。

　　测量的数据包括：身高、体重、体脂率、内脏脂肪等级[1]和肌肉量[2]等。

　　体验结果到底如何？让我们一起看下去！

---

[1] 内脏脂肪等级是以肚脐高度的腹部剖面测量而得的。等级 10 为"内脏脂肪型肥胖"的边界值，高于此值时则须注意了。
[2] 肌肉量是以除去脂肪体重（肌肉、脏器、水分的总和）来测量。

CHECK! 你的体形现在状态如何？

● 体形定位

从以下两项来判断体形：从外观判断体形的BMI；脂肪占体重比例的体脂率。

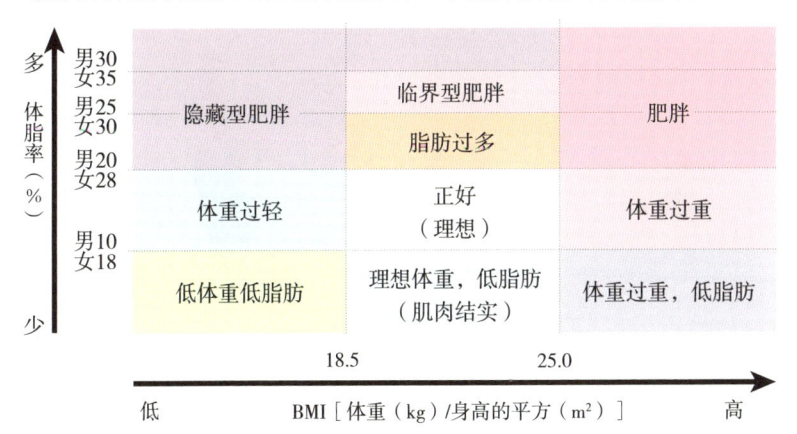

		BMI < 18.5	18.5 ≤ BMI < 25.0	BMI ≥ 25.0
多 ↑ 体脂率（%）↓ 少	男30 女35	隐藏型肥胖	临界型肥胖	肥胖
	男25 女30		脂肪过多	
	男20 女28	体重过轻	正好（理想）	体重过重
	男10 女18	低体重低脂肪	理想体重，低脂肪（肌肉结实）	体重过重，低脂肪

BMI [体重（kg）/ 身高的平方（m²）]　低 → 高

● 内脏脂肪等级的判断基准　　　　　　　　　　※ 对象年龄：18—99岁

等级		判断理由
9.5 以下	标准	内脏脂肪堆积的风险低，今后请注意均衡饮食和适量运动。
10.0～14.5	稍微过量	为恢复到标准等级，要注意适度运动，并控制能量摄入。
15.0 以上	过量	必须通过积极运动和控制饮食减重。医学部分的诊断请向医生咨询。

CHAPTER 4　首先每天做 4 分钟！在家就能完成的 HIIT 运动课程

149

数据的解读方法

本数据是依照 TIPNESS 所使用的 [Dr.Fitness]（身体组成分析诊断卡）测量而得。

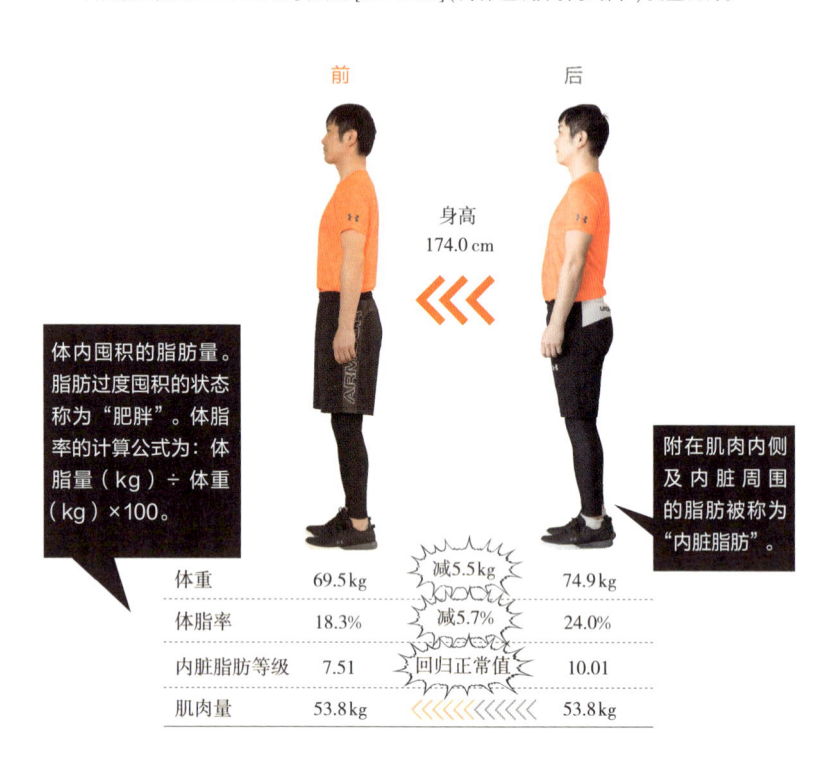

前　　　　　后

身高
174.0 cm

体内围积的脂肪量。脂肪过度围积的状态称为"肥胖"。体脂率的计算公式为：体脂量（kg）÷ 体重（kg）×100。

附在肌肉内侧及内脏周围的脂肪被称为"内脏脂肪"。

	前		后
体重	69.5 kg	减 5.5 kg	74.9 kg
体脂率	18.3%	减 5.7%	24.0%
内脏脂肪等级	7.51	回归正常值	10.01
肌肉量	53.8 kg		53.8 kg

HIIT 体验记 1

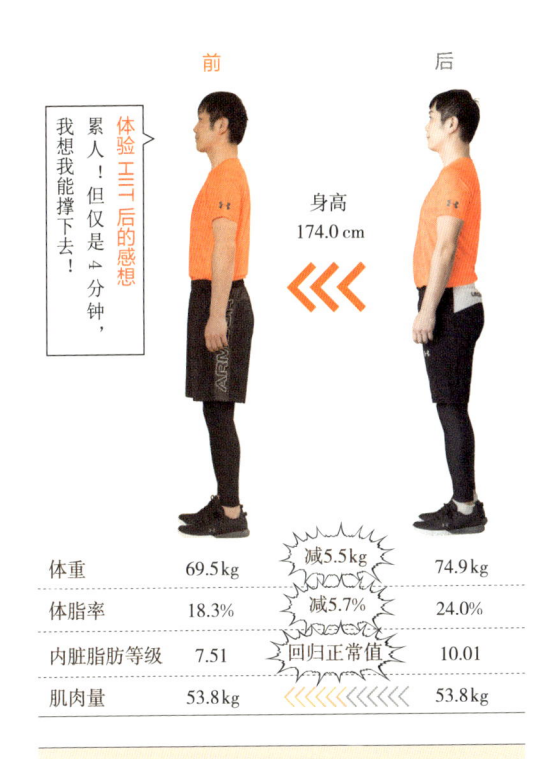

前　　　　　后

身高 174.0 cm

体验 HIIT 后的感想
累人！但仅是 4 分钟，我想我能撑下去！

经历了『累人→习惯→享受』的过程，成功减肥 5 千克！

	前		后
体重	69.5 kg	减 5.5 kg	74.9 kg
体脂率	18.3%	减 5.7%	24.0%
内脏脂肪等级	7.51	回归正常值	10.01
肌肉量	53.8 kg		53.8 kg

棚田亮介 先生（42 岁　厨师）

给读者的一句话　当看到运动效果后，就会愈来愈乐在其中！

完全没有运动习惯的棚田先生在进行 HIIT 之前，曾因体力下降和慢性腰痛而烦恼。HIIT 运动是每隔一天的晚上 8 点进行。

棚田说："刚开始时上气不接下气，真的很累人。但想到只是 4 分钟，就坚持下来了。"结果，两个月的测试让他成功减掉了 5 千克。而且，肌肉量并没减少，只燃烧了脂肪！腰痛也大为改善。

CHAPTER 4　首先每天做 4 分钟！在家就能完成的 HIIT 运动课程

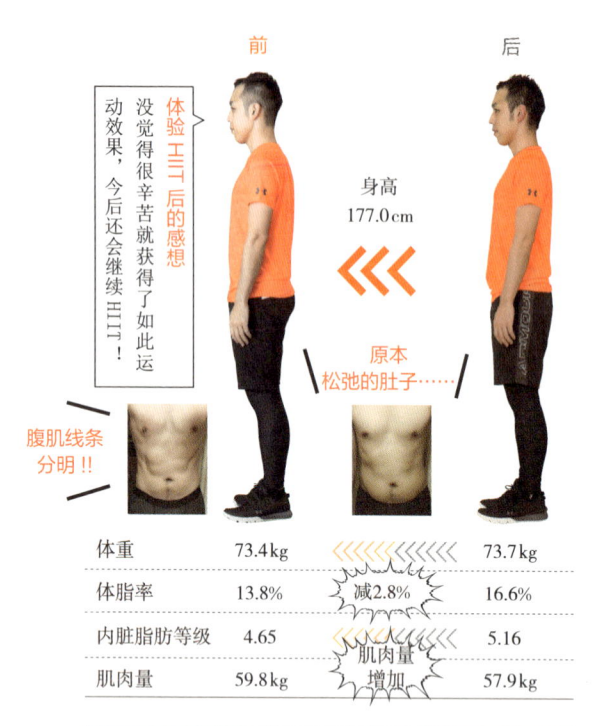

HIIT 体验记 2

1分钟顶45分钟的HIIT高效运动法

152

前　　　后

身高 177.0cm

体验HIIT后的感想
没觉得很辛苦就获得了如此运动效果，今后还会继续HIIT！

2千克脂肪换成了肌肉！
实现了梦想中的『块状腹肌』！

原本松弛的肚子……

腹肌线条分明!!

体重	73.4kg	减2.8%	73.7kg
体脂率	13.8%		16.6%
内脏脂肪等级	4.65	肌肉量增加	5.16
肌肉量	59.8kg		57.9kg

稻本大志（化名）先生（38岁　程序员）

给读者的一句话　先想象一个理想体形，再去锻炼，也不错！

　　程序员稻本先生的经历证实了 HIIT 可以同时实现减脂和增肌的运动效果。稻本每周进行两次 HIIT 运动（包括轻度运动），只坚持了一个半月，就成功实现了脂肪减少 2 千克、肌肉增加了 2 千克的运动效果。

　　稻本自己分析说"运动时把很多精力放在腹肌上，运动后摄取碳水化合物或许也帮了些忙"。他热情高涨地说"今后仍会以增肌为目的继续 HIIT 运动"。

HIIT 体验记 3

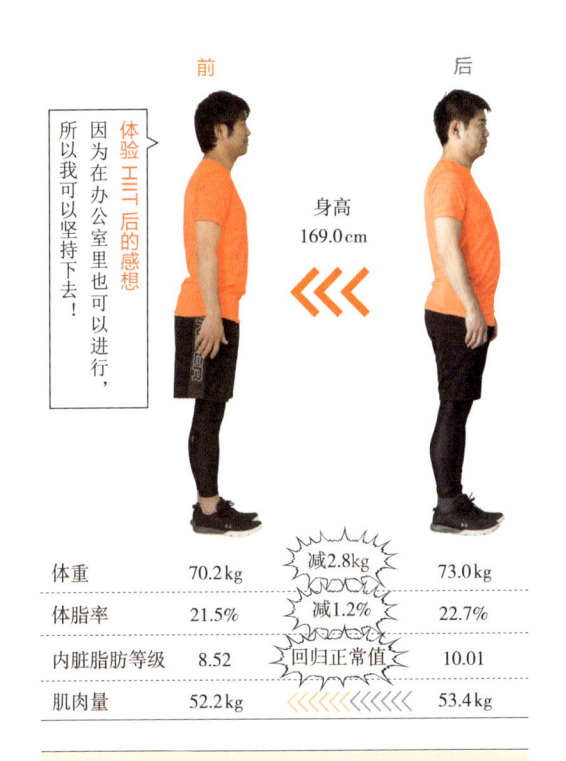

前　　　　　　后

体验 HIIT 后的感想
因为在办公室里也可以进行，所以我可以坚持下去！

身高 169.0cm

在公司里也坚持 HIIT 运动，成功瘦身约 3 千克！

体重	70.2kg	减2.8kg	73.0kg
体脂率	21.5%	减1.2%	22.7%
内脏脂肪等级	8.52	回归正常值	10.01
肌肉量	52.2kg		53.4kg

木田秀和 先生（45 岁　公司职员）

给读者的一句话　秘诀在于想做时就做。

完全无运动习惯的木田先生对 HIIT 赞不绝口，他表示："令人惊讶的是，虽然辛苦，但不痛苦。"辛苦的反而是如何坚持下去，为了达到自己规定的每周运动三次的目标，他说："我的秘诀是想做 HIIT 的时候就做。"实际上，木田先生偶尔在无人的会议室中进行 HIIT 运动，最后成功减掉了部分体脂和内脏脂肪，共减掉约 3 千克！

HIIT 体验记 4

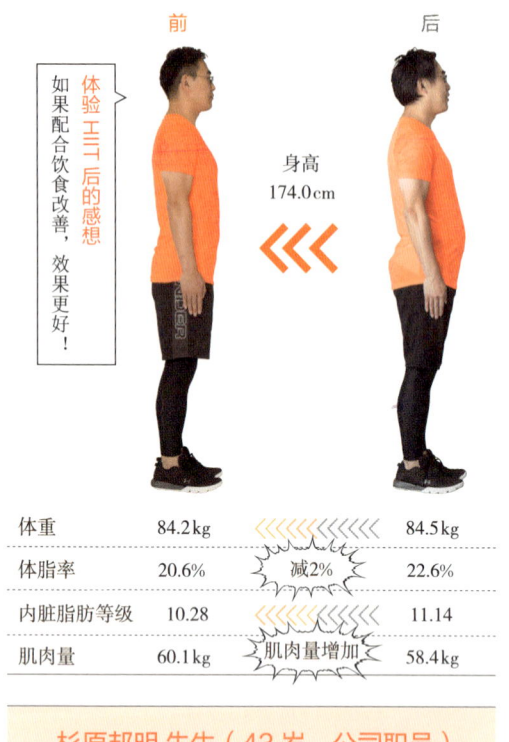

因运动不足而暴肥的前运动员，摇身变成肌肉型身材！

前　　　后

体验 HIIT 后的感想
如果配合饮食改善，效果更好！

身高 174.0cm

体重	84.2kg		84.5kg
体脂率	20.6%	减2%	22.6%
内脏脂肪等级	10.28		11.14
肌肉量	60.1kg	肌肉量增加	58.4kg

杉原邦明 先生（43 岁　公司职员）

给读者的一句话　感觉轻松完成时，不妨增加运动次数。

"老实说，开始时累得快吐了。"（笑），在回顾开始体验 HIIT 时，杉原先生说。他原本是运动员，后来因饮食习惯及运动不足等，40 岁之后身材变得臃肿。体验一周后他就完全习惯了 HIIT 运动，而且越来越感觉轻松，于是每天都进行 HIIT 运动。结果，脂肪变成了肌肉，他也因此拥有了肌肉型身材。"在不改变饮食习惯的情况下能获得如此运动效果，真让人震惊！"杉原先生满足地说。

HIIT 体验记 5

前　　　　　后

体验 HIIT 后的感想
这么轻松就获得如此效果是真的吗？（笑）

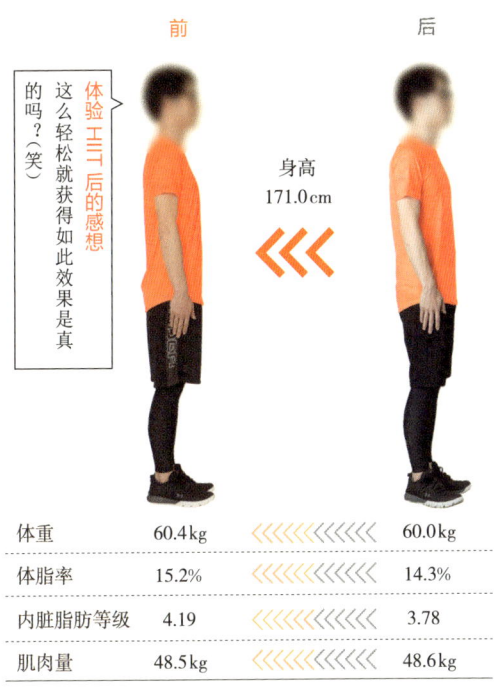

身高 171.0cm

姿势变好，身体恢复灵活性。
上下楼梯变得轻松。

体重	60.4kg	⋘⋘⋘	60.0kg
体脂率	15.2%	⋘⋘⋘	14.3%
内脏脂肪等级	4.19	⋘⋘⋘	3.78
肌肉量	48.5kg	⋘⋘⋘	48.6kg

伊藤广人（化名）先生（34 岁　公司职员）

给读者的一句话　我认为 HIIT 最适合忙碌的上班族。

　　IT 企业员工伊藤先生几乎整天都是伏案工作，这次受测的五人中，他是最瘦的，他的目标是"坚持运动和增强体力"，所以他的受测项目的数值并没有发生太大变化。他说，开始 HIIT 运动后，姿势变好了，上下车站楼梯也觉得轻松了。为了不忘记 HIIT 运动，他在冰箱上贴了提醒便条，我认为这个做法非常值得参考。

CHAPTER 4　首先每天做 4 分钟！在家就能完成的 HIIT 运动课程

在更短时间内收获成效！提升 HIIT 运动效果的饮食方法

CHAPTER 5

1 全世界医生都瞩目的"地中海膳食模式"

我的专业虽是内科,但我很早就开始关注抗衰老(anti-aging)方面的医学动向。尤其是关于运动与健康生活习惯方面的内容,我不仅研究,还亲身实践。

我平时尽可能地通过阅读与健康饮食相关的最新论文来收集信息。关于健康饮食,目前全世界医生最关注的就是地中海式的饮食形态(以下简称"地中海膳食模式"),因为它具有预防生活习惯病的效果。

世界上有各式各样的料理,据数据统计,==在维持健康、预防和改善生活习惯病上发挥作用的,地中海膳食模式具有绝对优势==。

举例来说,通过对 1995—2008 年在全球范围内所进行的 12 项调查研究结果进行综合分析发现,合理安排地中海膳食模式,可降低以下病症的患病率与死亡率,可使整体死亡率降低 9%。

〈地中海膳食模式带来的效果〉

■ 因心血管疾病引发的死亡率：降低 9%

■ 癌症的罹患率和死亡率：降低 6%

■ 帕金森病和阿尔茨海默病的罹患率：降低 13%

仅靠饮食就可获得如此效果，真是非常了不起。

众所周知，地中海位于欧洲（欧亚大陆）和非洲之间，是一片乍看像一个巨大湖泊的海。对于地中海膳食模式，可能很多人还是摸不着头绪，这是一种地中海沿岸国家，如意大利、西班牙、希腊、摩洛哥等国，自古传承下来的饮食形态。

2010 年，地中海膳食模式被联合国教科文组织（UNESCO）列为非物质文化遗产。

虽然使用的食材或食谱因地而异，但大致有如下共同特征：

■ 经常使用橄榄油

■ 每餐都食用当季蔬菜或水果

- 作为主食的面包或意大利面使用的是全麦面粉
- 均衡摄取鱼类、肉类及豆类（肉类偏少）
- 经常使用香草、香料、大蒜等
- 常吃坚果或种子

至此，各位是否对地中海膳食模式有所了解了呢？图5-1列出了可积极摄取的食物和摄取次数等，敬请参考。

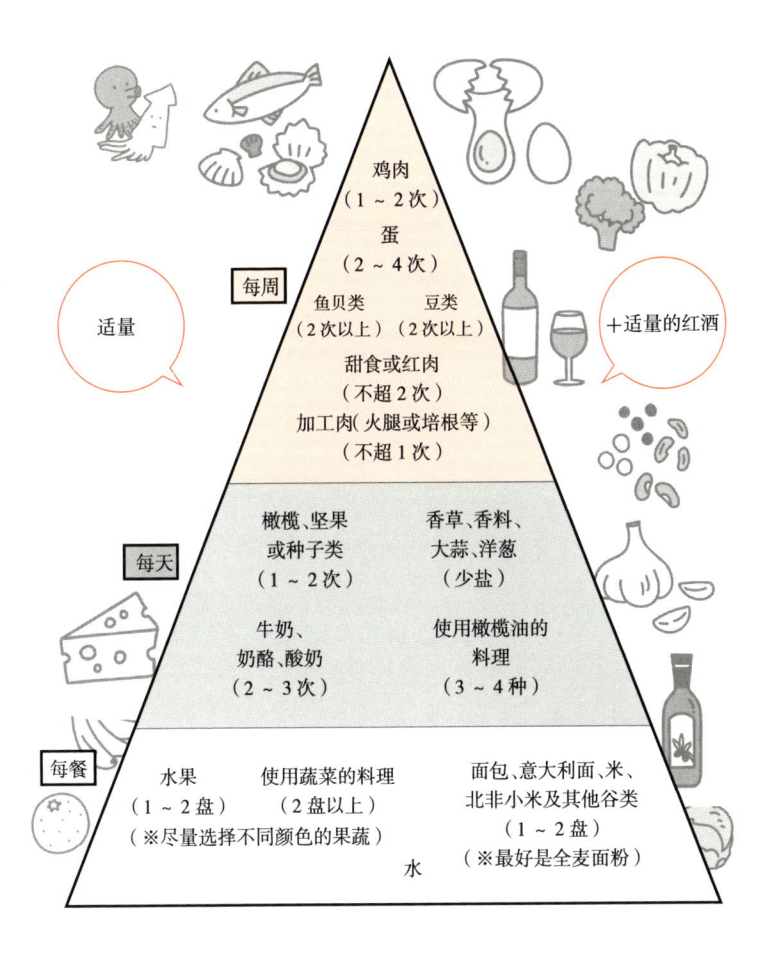

5-1 健康实证颇多的地中海膳食模式

每周
- 鸡肉（1~2次）
- 蛋（2~4次）
- 鱼贝类（2次以上）、豆类（2次以上）
- 甜食或红肉（不超2次）
- 加工肉（火腿或培根等）（不超1次）

每天
- 橄榄、坚果或种子类（1~2次）
- 香草、香料、大蒜、洋葱（少盐）
- 牛奶、奶酪、酸奶（2~3次）
- 使用橄榄油的料理（3~4种）

每餐
- 水果（1~2盘）（※尽量选择不同颜色的果蔬）
- 使用蔬菜的料理（2盘以上）
- 面包、意大利面、米、北非小米及其他谷类（1~2盘）（※最好是全麦面粉）
- 水

适量 ／ +适量的红酒

■ 对健康的加分效果并不取决于特定食品，而是来自食品成分和饮食模式的综合力量。

（资料来源：根据D'Alessandro A等，Nutrients 2014年的资料改编。）

2 吃得津津有味，却有强大减肥效果

我极力推荐地中海膳食模式的最大理由是，在享受美味料理的同时还能更好地发挥 HIIT 的运动效果（减肥或改善身体状态等）。

为了减肥而控制饮食时，常用的方法有低糖饮食（Low-carbohydrate diet）或低脂饮食（Low-fat diet）。

但是，实际执行之后，选择低糖饮食的人感叹"因为不吃主食所以没力气""总觉得身体有点虚"，而选择低脂饮食的人则说"每餐都是清淡的食物，感觉好悲伤"。

而地中海膳食模式本身就是一种极其普通的日常饮食（尤其是对于当地人来说）。

基本上口味偏淡，但是烹饪方法基本都保留了食材原有的味道，所以美味并未打折扣。

这是我的亲身实践，自从频繁实施地中海膳食模式后，在超市里寻找当季食材成了我的乐趣。除非特别讨厌橄榄油、

面包或意大利面的人，地中海膳食模式基本上很合日本人的口味。

无运动习惯的人如果想开始HIIT运动，那么生活方式多少得发生些改变，所以不能说绝对是零压力。

如果饮食方面再加上各种压力，可能会使其感到HIIT的乐趣减少而痛苦增加。

如果同时追求HIIT运动效果和饮食改善，结果很有可能都是半途而废。因此，我极力向大家推荐既不耽误HIIT运动又能兼顾美食的地中海膳食模式。

在不用勉强自己且不影响日常生活乐趣的情况下使体质得到改善，这或许就是HIIT能持之以恒的秘诀吧。

3　三大减肥食品大比拼！

◆ **好吃又能无痛减肥的地中海膳食模式**

下面来看地中海膳食模式的减肥效果。

有个研究比较了地中海膳食模式、低糖饮食模式、低脂饮食模式这三大饮食形态的减肥效果，在此稍微介绍一下（不过，这里讨论的只有饮食的效果，并没有做HIIT）。

2008年，在刊登了众多优秀研究报告的国际科学期刊《新英格兰医学杂志》（*The New England Journal of Medicine*）上，刊登了一项研究，而这项研究结果也成为很多医生关注地中海膳食模式的契机。

此项研究将322名肥胖者分为三组，分别践行三种膳食模式，并对其进行为期两年的观察。

研究结果如图5-2所示。

先来看减肥效果（减重）的图表，会发现一个有趣的结果（顺便提一下，像这个实验一样，基于某种假设，从现在至将来，观察过程的研究称为"前瞻性调查"，与回溯过去进行调查的"回顾性调查"相比，在科学上的可信度比较高）。

最初五六个月的结果显示，低糖饮食使体重明显减少，而低脂饮食组和地中海膳食组的体重减少速度几乎一样。

但是，随后，低脂饮食组和低糖饮食组开始出现体重增加，而地中海膳食组的体重则稳定不变。

最终结果是，低糖饮食组和地中海膳食组达到几乎相同的减肥效果。

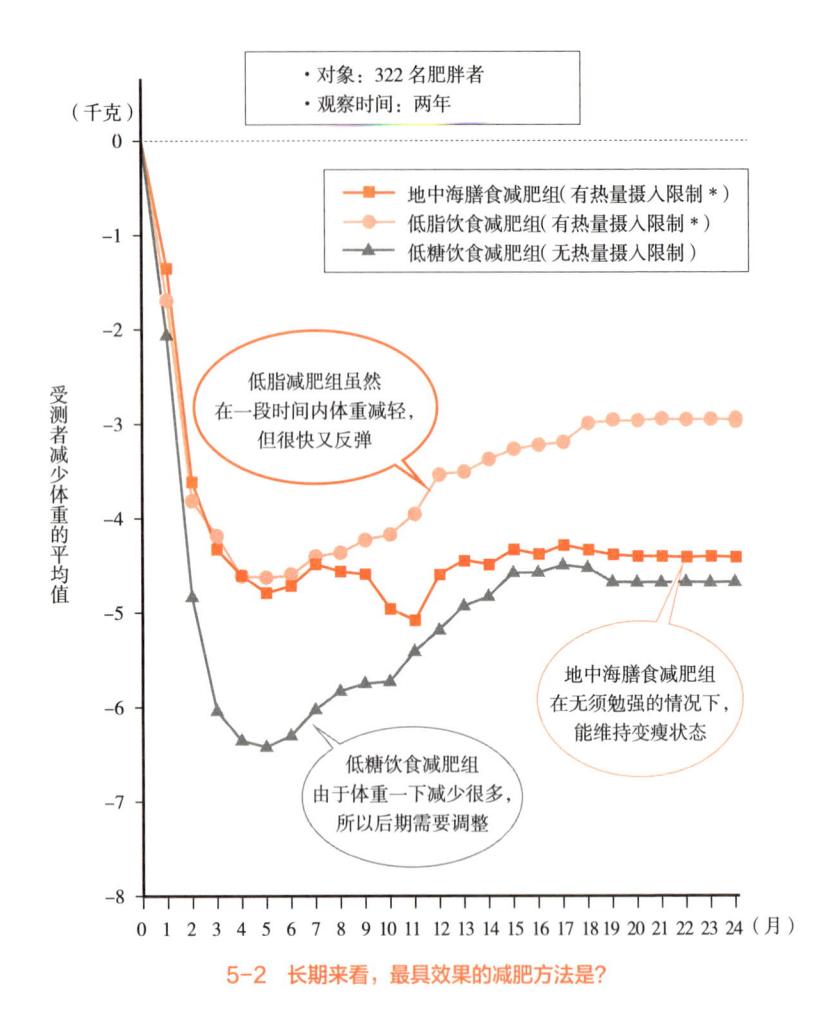

- 对象：322名肥胖者
- 观察时间：两年

图例：
- 地中海膳食减肥组（有热量摄入限制*）
- 低脂饮食减肥组（有热量摄入限制*）
- 低糖饮食减肥组（无热量摄入限制）

纵轴：受测者减少体重的平均值（千克）
横轴：月（0～24）

注释：
- 低脂减肥组虽然在一段时间内体重减轻，但很快又反弹
- 地中海膳食减肥组在无须勉强的情况下，能维持变瘦状态
- 低糖饮食减肥组由于体重一下减少很多，所以后期需要调整

5-2 长期来看，最具效果的减肥方法是？

■ 两年后判定，与低脂饮食相比，地中海膳食和低糖饮食的减肥效果明显较好。

※热量限制：一天摄取热量 { 女性 1500 千卡/日；男性 1800 千卡/日 }

（资料来源：根据Shail等，NEnglJ Med 2008年的资料改编。）

低脂饮食组的受测者体重增加，就是所谓的"反弹"（即体重恢复原状）。

另一方面，从严格意义上来说，低糖饮食组受测者的体重增加并不能称为反弹。

实际上，此项实验中的低糖饮食减肥法虽说"无热量摄入限制"，但这并非意味着"可以大吃大喝，完全不用介意热量"，而是"不对热量摄入进行相关设定"。另一方面，开始时对糖分摄入进行非常严格的限制（阿特金斯减肥法[①]。碳水化合物的摄取量降低到平时的 1/10 以下），但是如果一直限制糖分摄入将会损害健康，所以在瘦到某种程度后，再逐渐增加糖分的摄入量。

所以，如果想在短时间内降低体重，低糖饮食减肥是见效最快的方法。

此项研究数据显示，如果将糖分摄入量再调整到不会妨碍健康的程度，那其效果就和地中海膳食减肥一样了。

[①] 阿特金斯减肥法：Atkins Diet，阿特金斯博士开创的低碳减肥法，又被称作"食肉减肥法"。阿特金斯认为，想要减肥的话，最好是食用含有蛋白质的食品，但却不能吃任何碳水化合物食品。他的减肥理论受到广泛关注并被上百万的成功减肥人士证实科学有效。——译者注

◆ 地中海膳食模式的健康效果超高！

该研究还对体重之外的项目进行了统计。详见图 5-3。

图 5-3 所示的是上述三大减肥膳食中的 HDL（有益胆固醇）、LDL（有害胆固醇）、中性脂肪和血糖值的变化。

HDL

增加最多的是低糖饮食组。

低脂饮食组和地中海膳食组的增长率几乎相同，但并非意味着效果不佳。

LDL

LDL 下降最多的是地中海膳食组。两年来，低脂饮食组的 LDL 几乎没发生变化，低糖饮食组则是慢慢减少，但减少程度不如地中海膳食组那样明显。

图例：
- 地中海膳食减肥组（有热量摄入限制）
- 低脂饮食减肥组（有热量摄入限制）
- 低糖饮食减肥组（无热量摄入限制※）

（※"无热量摄入限制"是指可以自由地降低热量）

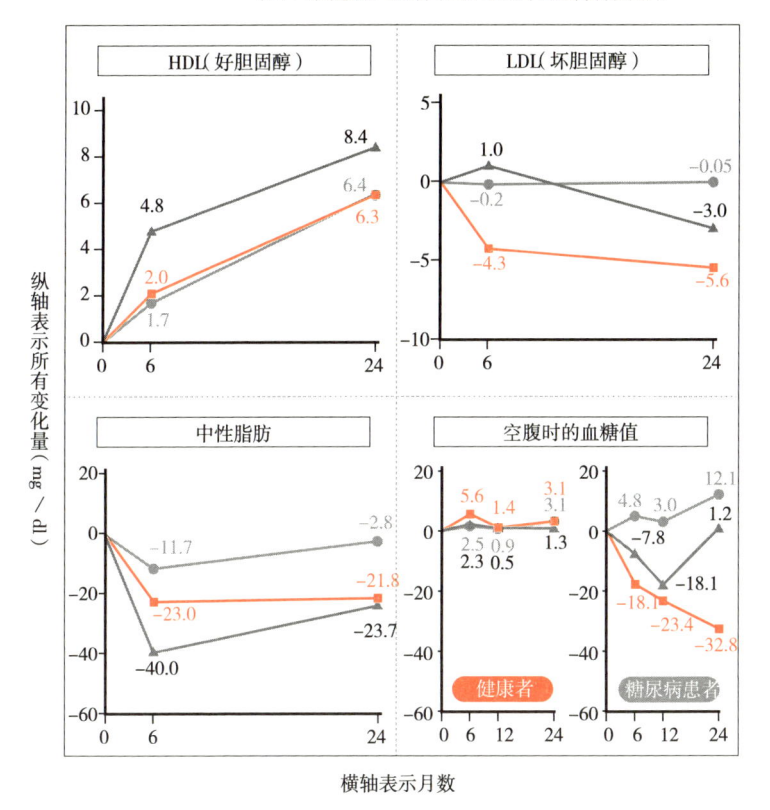

HDL（好胆固醇）
- 0月：0
- 6月：2.0（地中海）、1.7（低脂）、4.8（低糖）
- 24月：6.3（地中海）、6.4（低脂）、8.4（低糖）

LDL（坏胆固醇）
- 6月：-4.3（地中海）、-0.2（低脂）、1.0（低糖）
- 24月：-5.6（地中海）、-0.05（低脂）、-3.0（低糖）

中性脂肪
- 6月：-23.0（地中海）、-11.7（低脂）、-40.0（低糖）
- 24月：-21.8（地中海）、-2.8（低脂）、-23.7（低糖）

空腹时的血糖值（健康者）
- 6月：2.5、1.4、5.6
- 12月：0.9、3.1
- 24月：0.5、1.3、3.1

空腹时的血糖值（糖尿病患者）
- 6月：-18.1、4.8
- 12月：-23.4、3.0、-7.8
- 24月：-32.8、1.2、-18.1

纵轴表示所有变化量（mg/dl）
横轴表示月数

5-3 获得最佳健康数据的是地中海膳食组

■ 改善脂质（胆固醇和中性脂肪）方面效果较好的是地中海膳食减肥组和低糖饮食减肥组，血糖值改善效果最佳的是地中海膳食组。由此可见，所有数值都得到均衡改善的是地中海膳食组。

（资料来源：根据Shail等，NEngIJ Med 2008年的资料改编。）

CHAPTER 5 在更短时间内收获成效！提升HIIT运动效果的饮食方法

169

中性脂肪

改善最明显的是低糖饮食组和地中海膳食组。低脂饮食组并无太大改善。由此可知，在减脂方面，低脂饮食并无太大效果。

血糖值（空腹时）

健康者的数值并无太大变动，变化较大的是糖尿病患者的血糖值。另外发现，地中海膳食组的下降幅度明显。

反之，低脂饮食组则呈现上升倾向。低糖饮食组在第一年确实有效，但一年过后反而呈上升态势。

第 3 章中我曾向糖尿病患者或即将加入糖尿病大军的人推荐 HIIT，而饮食方面，我则强烈推荐地中海膳食模式。

4　不好好吃，身体就无法燃烧能量

如前文所述，HIIT运动可在短时间内获得效果的原因之一，是运动后身体仍在继续燃烧能量的后燃效应。

也有好几个研究对饮食与后燃效应的关系进行了调查。

2016年公布的一项研究中，以平均年龄为31岁的男性为对象，让他们在几乎不摄入碳水化合物和充分摄入了碳水化合物的两种情况下进行运动，并对其在运动中的摄氧量和运动后的后燃效应进行比较。

结果发现，在缺乏碳水化合物的情况下运动时，摄氧量（合计运动过程中和恢复中）比充分摄入碳水化合物后运动的摄氧量少了约35%，同时，后燃效应低了26%。

由上可知，低糖饮食的极佳减肥效果正如前表所示，但就"提高HIIT效果的饮食"这点来说，实在不太推荐低糖饮食。

另外，此项研究还揭示，极端限制热量摄入，反而不利于后燃效应。2000年发表的一项调查结果显示，年轻女性每天摄入的热量若从 1600 千卡降到 800 千卡，运动后的后燃效应就会明显降低。

换言之就是，为了健康减肥，适量摄取作为燃料的营养成分也非常重要。

5　边吃边减肥——地中海膳食模式和运动的组合

有几组研究数据揭示了地中海膳食模式和运动的完美搭配关系，接下来就介绍一下。

先来介绍一项发表于 2018 年的研究结果。该项研究总计分析了 33 项与地中海膳食模式相关的研究，所得到的结论是：地中海膳食模式是健康的饮食模式，可有效降低生活习惯病的风险，若和运动结合，其效果会更好。

同样在 2018 年，对以地中海膳食模式和运动的组合为题的 11 项研究结果进行综合分析后发现，两者组合，对于与生活习惯病息息相关的体重、BMI、腰部周围、血压、血糖值、中性脂肪值、胆固醇值等方面都具有很好的改善效果。

上述两项研究都是以"地中海膳食模式和所有运动"为研究对象的，有的研究专门对"地中海膳食模式和 HIIT 运动"的特定组合的效果进行调查。

有一项研究以 72 名平均年龄为 53 岁的肥胖男女为研究对象，让他们践行地中海膳食模式，且每周进行两三次 HIIT 运动加肌力训练，共进行 9 个月，结果发现，空腹时的血糖值和胰岛素抵抗性有了明显改善。

另一项研究是以代谢异常的肥胖者和代谢无异常的肥胖者，合计 134 人为研究对象，让他们践行地中海膳食模式和 HIIT 运动的组合。结果发现，他们在身体组成、血压、空腹时的血糖、胰岛素敏感性、最大摄氧量、肌肉耐力等方面都有所改善。

科学数据已经证实 HIIT 运动及地中海膳食模式在打造健康身体方面的良好效果。目前，全世界也持续进行相关研究，试图将两者搭配以获得更大效果。

6 减肥效果超高的坚果

提起地中海膳食模式中最具特征的食材，可能很多人脑中会立即浮现特级初榨橄榄油（extra virgin olive oil）、青鱼、全谷物等。

但是，我最关注的是坚果（tree nuts）。

2016年公布的一项关于地中海膳食模式的调查研究揭示，包括胡桃、杏仁、榛子等坚果类的地中海膳食模式，对于改善肥胖者或稍胖者的体重和腰围都相当有效。

或许还有很多人不知道坚果其实是一种减肥食品吧？

为此，我制作了一张非常浅显易懂的图表（详见图5-4）。

这是一项以 12 万名美国男女为调查对象的调查结果，图 5-4 所示的是受调查者以一天一餐的频率食用表中所列食品，连续食用四年后的体重变化。

让人发胖的食品主要有薯片和炸薯条等，而最典型的减肥食品是酸奶和坚果。

由此可知，坚果和酸奶、蔬菜、水果、全谷物等一样，都是具有减肥作用的食品。

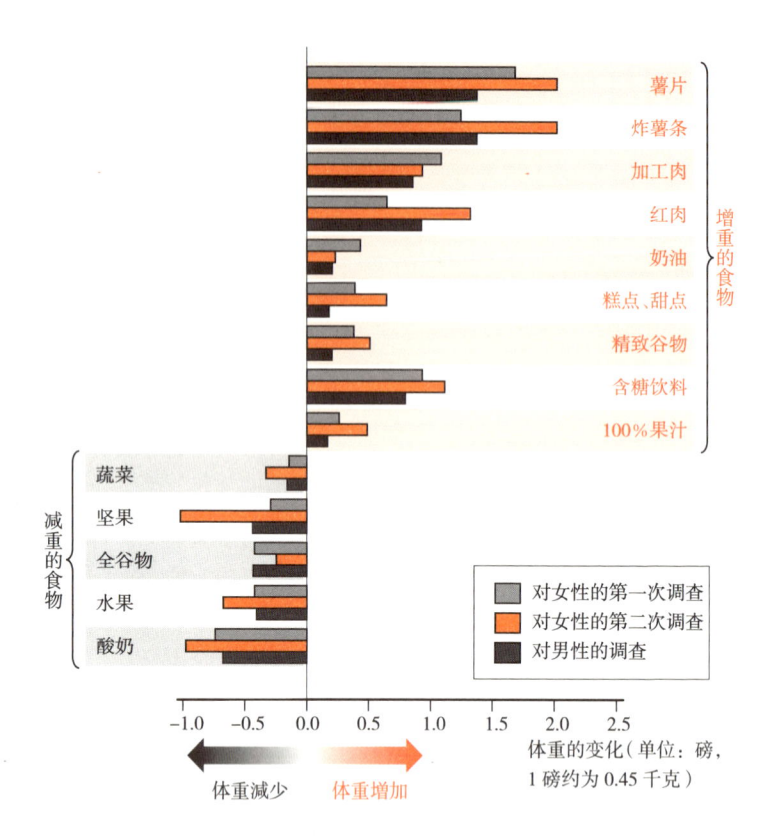

5-4 坚果是减肥食品！

- 据研究得知，坚果和酸奶、果蔬、全谷物等同为具有减肥效果的食品。
  而且，常吃水果虽可降低体重，但是喝100%果汁却可能导致体重增加，这是因为在摄入果汁时身体也会过多吸收糖分。
  另外，酸奶中的钙成分可促进脂肪分解和抑制脂肪的吸收，而且，酸奶可改变肠内菌群从而可抑制肥胖。

（资料来源：根据Mozaffarian D等，NEngl J Med 2011年的资料改编。）

7 吃了不会胖的神奇坚果

作为减肥食品的坚果常被忽略的原因是它的热量很高。以下是几种代表性的坚果平均每 100 克所含的热量。

〈坚果的卡路里含量〉

- 腰果　　　　　　　553 kcal
- 开心果　　　　　　560 kcal
- 杏仁　　　　　　　579 kcal
- 榛子　　　　　　　628 kcal
- 胡桃　　　　　　　654 kcal
- （花生）　　　　　691 kcal
- 夏威夷果　　　　　718 kcal

之所以给花生加上括号，是因为从严格意义上来说花生并不属坚果类，但是花生与坚果一样具有促进健康的作用，所

以我把花生也列出来了。（花生属豆科植物，因它长得像坚果（nuts）的豆科（pea）植物，所以被命名为 peanuts）

坚果类 100 克所含热量大约为 500～700 千卡！这可能会让减肥的人大吃一惊！但是，虽然热量很高，并不代表容易使人发胖。

坚果类的标准成分如下：

〈坚果的成分〉

主要成分

- ■ 脂肪　　　　　43%～67%
- ■ 蛋白质　　　　8%～22%
- ■ 糖分　　　　　0.6%～4%
- ■ 多酚　　　　　0.2%～0.4%

> **其他成分**
>
> ■ 类胡萝卜素、植物固醇等植物性化合物
>
> ■ 维生素、矿物质（镁、叶酸、钾等）
>
> ■ 膳食纤维
>
> ■ 单不饱和脂肪酸（主要为油酸）
>
> ■ 多不饱和脂肪酸（夏威夷果除外，主要是亚麻酸）
>
> ■ 饱和脂肪酸（一般来说少量）

如上所述，坚果的成分中约一半是脂肪，但是这些脂肪并不会囤积在身体内，反而具有瘦身的作用。

主要原因是坚果中富含不饱和脂肪酸（油酸、亚麻酸），详情后述。

不饱和脂肪酸主要存在于植物或鱼脂中，与以肉类脂肪为代表的动物性脂肪（饱和脂肪）不同。

顺便提一下，橄榄油也是能有效摄取单不饱和脂肪酸（油酸）的最佳食材。

我平时经常在沙拉中加入无盐的混合坚果，再滴上橄榄油食用。（食谱请参照文末）

8 不仅能瘦身！坚果还具有惊人的健康效果

长期食用坚果能带来很多好处。

瘦身

越来越多的研究开始着眼于坚果的减肥（减重）效果，而且已有相当多的实证。与减重有关的机制形形色色，下面简单介绍几种代表性的机制。

● 能瘦身的原因① 抑制食欲

一是与口感有关，另一原因就是前述的不饱和脂肪酸。

不饱和脂肪酸会促进胰高血糖素样肽-1（glucagon-like peptide-1，GLP-1）和胆囊收缩素（cholecystokinin,CCK）的分泌。这些激素可抑制食欲。

● 能瘦身的原因② 促进能量消耗

坚果中所富含的植物性蛋白质和油酸具有"促进产热"(thermogenesis)的效果。

由于源源不断地制造能量，多余的营养就不容易堆积在体内。

● 能瘦身的原因③　膳食纤维发挥种种作用

长期以来，除了能促进排便顺畅，膳食纤维因"口感不佳，无法转变为能量，还影响其他营养成分的吸收"而被轻视。

不过，其健康效果渐渐得到重视，如今紧接在传统的五大营养物质（蛋白质、碳水化合物、脂质、维生素、矿物质）之后稳站"第六大营养物质"的位置。

坚果富含的膳食纤维，具有延迟食物通过消化道的时间、抑制空腹感（降低食物摄取量）这类的耐饿效果，而且还具有抑制吸收多余营养成分的作用，所以减肥效果相当好。

改善血糖值

坚果还可有效改善血糖值。

据推测，这是因为不饱和脂肪酸、多酚和膳食纤维会抑制过剩营养的吸收。

改善有害胆固醇（LDL）值

食用坚果可抑制胆固醇吸收、阻止合成胆固醇所需的 HMG-CoA 还原酶，以及增加胆汁酸的生成以消耗胆固醇，让 LDL 胆固醇得到改善。

改善中性脂肪值

坚果中的成分具有抑制多余营养的吸收、降低体重、改善糖代谢等多种效果，从而改善中性脂肪值。

改善血压值

研究证实，开心果及混合坚果具有改善血压的效果。这是因为其成分中含有多酚。

如上所述，坚果作为健康食品作用非常强大，其实回顾人类历史，人类在太古以前就以坚果为主食。

所以，回归自然，或许对维持人类身体健康非常重要。

①瘦身

- 抑制食欲。
- 促进能量消耗。
- 膳食纤维发挥种种作用。

②改善血糖值

③改善有害胆固醇（LDL）值

④改善中性脂肪值

⑤改善血压值

5-5 变健康！坚果的五大效用

■ 坚果富含不饱和脂肪酸、多酚、膳食纤维、油酸等，所带来的种种健康效果非常值得期待。

9 科学证实的健康食品——坚果和咖啡

◆ 点心时间吃坚果吧！

如前所述，坚果是一种非常优秀的减肥食品，甚至有研究结果显示，仅是把零食换成坚果就可以变瘦。

我还听说过，环球小姐的当选佳丽，在准备正式比赛期间，一到傍晚就吃坚果。

其实，她们这样做是非常合理的，因为==坚果不仅不会使人发胖，而且还有很好的耐饿效果，所以可防止晚上饮食过量==。

当然，正餐时间之外不吃零食当然最好，但今后实践 HIIT 之际，必定会遇到因饥饿而抵挡不住零食的诱惑，或者因太过忍耐零食诱惑而在正餐时一不小心就多吃的情况，所以不妨在办公桌抽屉里常备一些坚果来代替零食吧。

虽然坚果有很多种类，但目前还没有食用哪种坚果效果最好的研究数据。诚然，食用坚果的习惯因人而异，但我建议不要集中吃某一种，而是尽量经常更换品种，或是一开始先买混合坚果，然后尝试各式各样的搭配组合。

◆ 有医学实证的饮品——咖啡

和坚果一样，研究发现近年来备受瞩目的咖啡在健康方面有出色表现，这与我们往常的印象完全相反。

日本国立癌症研究中心的《多目的队列研究（JPHC研究）》的研究结果揭示，每天喝3~4杯咖啡的人的死亡风险比完全不喝的人降低24%。

另外，美国卫生与公众服务部的统计数据也显示，每天喝4杯咖啡可降低死亡风险。曾经有段时期，咖啡给人"喝了会睡不着""对胃不好"等有害身体的强烈印象。根据对40万人进行长达13年的追踪调查发现，适量饮用咖啡，可降低癌症、心脏病、呼吸系统疾病、脑卒中、糖尿病等多种疾病的死亡风险。

据说这与咖啡豆中所含的绿原酸等植物性化合物（具有抗氧化作用的植物性化学成分）有关，而且，不含咖啡因的咖啡也具有同样效果。

在日常生活中，请一定要试试吃坚果和喝咖啡的健康效果。

10 让 HIIT 运动效果倍增！地中海膳食模式食谱

可能有不少人也想简单尝试地中海膳食模式，但又不知道地中海膳食模式有哪些东西。因为机会难得，就先向大家介绍几份地中海食谱。

我本身并不是厨艺专家，而且市面上有很多地中海周边国家（意大利、希腊、西班牙等）的料理食谱，所以在此我只介绍几种简单易做的料理。其中的分量和调味仅是大致标准，请大家根据自己的实际情况，找出最适合的比例。

另外，即使你自己不想做，也请浏览一遍这些食谱，或许也能浮现具体的想象。在外点餐时，请多多参考以便判断。

早餐推荐！坚果全麦燕麦片

这个食谱即使在忙碌的早晨也能很快完成，只需把食材加入碗中就行。准备和收拾都很省事，很简单就能吃到营养均衡的地中海膳食。还可以根据个人口味加上牛奶。

- 食材（1人份）：

    全麦燕麦片（all bran）……60 g

    酸奶（无糖）……适量

    混合坚果（无盐）……适量

- 做法：只需将食材堆放进碗中便可。

日式＋地中海风的意外美味——橄榄油拌豆腐

地中海膳食中并不包括豆腐，如想摄取豆类营养成分，豆腐是最佳选择。只需把平日用的酱油换成橄榄油，立即变身成地中海膳食——橄榄油拌豆腐。

- **食材（1人份）：**

  豆腐……150 g　　　　橄榄油……2 小勺

  胡椒盐……适量

- **做法：** 在豆腐上淋上足量的橄榄油，再撒点胡椒盐即可。

3分钟就能给餐桌添色的人气美食——番茄卡布里沙拉

卡布里沙拉（Caprese salad）是意大利的经典料理。其最大的魅力就是马上就能做好。简单说就是切、盛、浇三步，3分钟便可完成。根据个人口味，也可滴上柠檬汁。

- 食材（1人份）：

  番茄……1个　　　马苏里拉奶酪……100 g

  罗勒叶……适量　　橄榄油……1大勺

  胡椒盐……适量

- 做法：把切成薄片的番茄和马苏里拉奶酪交错摆放。橄榄油中加入切碎的罗勒叶、胡椒盐并充分搅拌，然后均匀地撒在食材上。

解决蔬菜摄取不足！意式蔬菜汤

只需把切好的食材煮熟，就能吃到营养丰富的美食。

- 食材（4人份）：

  番茄……3个　　　　　洋葱……1个

  芹菜……1根　　　　　杏鲍菇……4朵

  培根……100g　　　　鹰嘴豆……适量

  大蒜……2瓣　　　　　肉汤（高汤块）……2个

  橄榄油……2大勺　　　胡椒盐……适量

- 做法：锅中放进大蒜和橄榄油炒热，爆香后放入洋葱、芹菜、杏鲍菇、培根、鹰嘴豆（可根据个人喜好添加）拌炒。等食材变软后，放入切成大块的番茄并压碎，然后加水和肉汤（高汤）。用中火煮开后，用胡椒盐调味。

简单吃鱼！意式鲜鱼薄片

鱼贝类的薄片（Carpaccio）是从超市买回来就能马上做的一道料理，最适合还想再加一道菜的时候吃。

- 食材（1盘）：

  白肉鱼的生鱼片……1盒　　　黑胡椒粒……适量

  蔬菜（豆瓣菜、贝比生菜等）……适量

  橄榄油……2大勺　　　　　　盐……适量

- 做法：将切好的白肉鱼和蔬菜放入碟中，撒上黑胡椒粒、盐，再淋上橄榄油即可。也可根据个人喜好，放上柠檬切片进行装饰。

只吃这道菜就饱了！以坚果为主角的能量沙拉

这是常吃的沙拉。与一般沙拉不同的是里面加入了豆类、水果和坚果等。大量的蔬菜也让口感丰富有层次，所以食欲也能得到满足。

■ 食材（1人份）：

蔬菜（莴苣、豆瓣菜、贝比生菜等）……适量

豆类（扁豆、鹰嘴豆等，可根据个人喜好添加）……25g

水果（葡萄柚、橙子等）……适量

橄榄油……2小勺　　　　　　胡椒盐……适量

柠檬或醋（巴萨米克醋等自己喜爱的醋）……适量

坚果……适量

■ 做法：将食材混合搅匀即可。

让大蒜和奶酪的香味激发食欲！蒜蓉海鲜

给人一种时髦印象的蒜蓉海鲜（ajillo），其实只需从超市买回混合海鲜，便可简单做成。搭配红酒就成了美味的下酒菜。摊在全麦面包上便成主食，可以说是一道万能美食。

■ 食材（2人份）：
  虾、鱿鱼、蛤蜊等自己喜欢的海鲜……250g

  橄榄油……200ml　　　　　大蒜……1瓣

  辣椒……依个人喜好　　　　胡椒盐……适量

  奶酪粉……1大勺

■ 做法：将橄榄油、大蒜、胡椒盐、辣椒等放入平底锅并炒热，闻到大蒜香味时放入处理好的海鲜加热至成熟。最后在其表面撒上奶酪粉。

推荐给大人的下午茶——用黑胡椒来调味的奶酪和蜂蜜吐司

虽然在减肥,但很想吃甜点……这时候,我推荐给你的就是这道食谱。奶油乳酪的酸和蜂蜜的甜绝对是最佳搭配!

- 食材(1人份):

    全麦薄面包片……1～2片

    奶油乳酪……适量

    蜂蜜……适量

    黑胡椒粉……依个人喜好

- 做法:在烤好的全麦面包片上抹上奶油乳酪,淋上蜂蜜(根据个人喜好也可撒上黑胡椒粉)。

参考文献

（第1章）

厚生劳动统计协会. 图说国民卫生动向 2018／2019. 2018 年厚生劳动统计协会会刊

Moor SC, et al. Leisure-time physical activity and risk of 26 types of cancer in 1.44 million adults. JAMA Intern Med. 2016, 176:816-825.

Houmard JA, et al. Fiber type and citrate synthase activity in the human gastrocnemius and vastus lateralis with aging. J Appl Physiol. 1998, 85, 1337-1341.

日本内阁府. 关于东京奥运会、残奥会的民意调查. 平成 27 年度（2015）
https://survey.gov-online.go.jp/h27/h27-tokyo/zh/z20.html

（第2章）

Azuma K, et al. Potential universal application of high-intensity interval training from athletes and sports lovers to patients. Keio J Med. 2017, 66:19-24.

Laursen P, et al. Science and application of high-intensity interval training: Solutions to the programming puzzle. Human Kinetics, Inc. 2018.

体育科学中心. 通过体育运动打造健康身体的运动记录卡. 讲谈社, 1983.

Dr. Len Kravitz. HIIT YOUR LIMIT. APOLLO, 2018.

（第 3 章）

Gillen JB , et al. Twelve weeks of sprint interval training improves indices of cardiometabolic health similar to traditional endurance training despite a five-fold lower exercise volume and time commitment. PLOS One. 2016, 11.

Weston KS , et al. High-intensity interval training in patients with lifestyle-induced cardiometabolic disease: a systematic review and meta-analysis Br J Sports Med. 2014, 48:1227-1234.

Choi HY , et al. Superior effects of high-intensity interval training compared to conventional therapy on cardiovascular and psychological aspects in myocardial infarction. Ann Rehabil Med. 2018, 42:145-153.

Robinson MM , et al. Enhanced protein translation underlies improved metabolic and physical adaptations to different exercise training modes in young and old humans. Cell Metab. 2017, 25:581-592.

Miyamoto-Mikami E , et al. Gene expression profile of muscle adaptation to high-intensity intermittent exercise training in young men. Sci Rep. 2018, 8:16811.

Sim AY , et al. High-intensity intermittent exercise attenuates ad-libitum energy intake. Int J Obes (Lond). 2014, 38:417-422.

Cassidy S , et al. High-intensity interval training: a review of its impact on glucose control.

（第 5 章）

Sofi F , et al. Adherence to Mediterranean diet and health status: meta-analysis. BMJ. 2008, 337:a1344.

D'Alessandro A , et al. Mediterranean diet pyramid: a proposal for Italian people. Nutrients. 2014. 6:4302-4316.

Shai I , et al. Weight loss with a low-carbohydrate, Mediterranean, or low-fat diet. N Engl J Med. 2008, 359:229-241.

Ferreira GA, et al. High-CHO diet increases post-exercise oxygen consumption after a supramaximal exercise bout. Braz J Med Biol Res. 2016, 49:e5656.

Fukuba Y, et al. The effect of dietary restriction and menstrual cycle on excess postexercise oxygen consumption (EPOC) in young women. Clin Physiol. 2000, 20:165-169.

Martinez-Lacoba R, et al. Mediterranean diet and health outcomes: a systematic metareview. Eur J Public Health. 2018, 28:955-961.

Malakou E, et al. The combined effect of promoting the Mediterranean diet and physical activity on metabolic risk factors in adults: A systematic review and meta-analysis of randomised controlled Trials. Nutrients. 2018, 10:pii:E1577.

Marquis-Gravel G, et al. Intensive lifestyle intervention including high-intensity interval training program improves insulin resistance and fasting plasma glucose in obese patients. Prev Med Rep. 2015, 2:314-318.

Dalzill C, et al. Intensive lifestyle intervention improves cardiometabolic and exercise parameters in metabolically healthy obese and metabolically unhealthy obese individuals. Can J Cardiol. 2014, 30:434-440.

Álvarez-Pérez J, et al. Influence of a Mediterranean dietary pattern on body fat distribution: Results of the PREDIMED-Canarias Intervention Randomized Trial. J Am Coll Nutr. 2016, 35:568-580.

Mozaffarian D, et al. Changes in diet and lifestyle and long-term weight gain in women and men. N Engl J Med. 2011, 364:2392-2404.

Kim Y, et al. Benefits of nut consumption on insulin resistance and cardiovascular risk factors: Multiple potential mechanisms of actions. Nutrients. 2017, 9:pii:E1271.

de Souza RGM, et al. Nuts and Human Health Outcomes: A Systematic Review. Nutrients. 2017, 9:pii:E1311.

Jackson CL, et al. Long-term associations of nut consumption with body weight and obesity. Am J Clin Nutr. 2014, 1:408S-411S.

Saito E, et al. Association of coffee intake with total and cause-specific mortality in a Japanese population: the Japan Public Health Center-based Prospective Study. Am J Clin Nutr. 2014, 101:1029-1037.

Freedman ND, et al. Association of coffee drinking with total and cause-specific mortality. N Engl J Med. 2012, 366:1891-1904.

de Souza JFT, et al. High-Intensity Interval Training Attenuates Insulin Resistance Induced by Sleep Deprivation in Healthy Males. Front Physiol. 2017, 8:992.

Adamson SB, et al. Extremely short-duration high-intensity training substantially improves the physical function and self-reported health status of elderly adults. J Am Geriatr Soc. 2014, 62:1380-1381.

Ouerghi N, et al. Effects of high-intensity interval training on body composition, aerobic and anaerobic performance and plasma lipids in overweight/obese and normal-weight young men. Biol Sport. 2017, 34:385-392.

Afzalpour ME, et al. Comparing interval and continuous exercise training regimens on neurotrophic factors in rat brain. Physiol Behav. 2015, 147:78-83.

Freitas DA, et al. High intensity interval training modulates hippocampal oxidative stress, BDNF and inflammatory mediators in rats. Physiol Behav. 2018, 184:6-11.

Murawska-Cialowicz E, et al. Crossfit training changes brain-derived neurotrophic factor and irisin levels at rest, after wingate and progressive tests, and improves aerobic capacity and body composition of young physically active men and women. J Physiol Pharmacol. 2015, 66:811-821.

Slusher AL, et al. Impact of high intensity interval exercise on executive function and brain derived neurotrophic factor in healthy college aged males. Physiol Behav. 2018, 191:116-122.

Kujach S , et al. A transferable high-intensity intermittent exercise improves executive performance in association with dorsolateral prefrontal activation in young adults. Neuroimage. 2018, 169:117-125.

Domínguez-Sanchéz MA , et al. Acute effects of high intensity, resistance, or combined protocol on the increase of level of neurotrophic factors in physically inactive overweight adults: The BrainFit Study. Front Physiol. 2018, 9:741.

Thum JS , et al. High-intensity interval training elicits higher enjoyment than moderate intensity continuous exercise. PLoS One. 2017, 12:eo166299.

Heisz JJ , et al. Enjoyment for high-intensity interval exercise increases during the first six weeks of training: Implications for promoting exercise adherence in sedentary adults. PLoS One. 2016, 11:eo168534.

Reljic D , et al. Effects of low-volume high-intensity interval training in a community setting: a pilot study. Eur J Appl Physiol. 2018, 118:1153-1167.

Martinez N , et al. Affective and enjoyment responses to high-intensity interval training in overweight-to-obese and insufficiently active adults. J Sport Exerc Psychol. 2015, 37:138-149.

Nielsen G , et al. Health promotion: the impact of beliefs of health benefits, social relations and enjoyment on exercise continuation. Scand J Med Sci Sports. 2014, 1:66-75.

Jackson SE , et al. The influence of partner's behavior on health behavior change: the English Longitudinal Study of Ageing. JAMA Intern Med. 2015, 175:385-392 and cardiometabolic health. Diabetologia. 2017, 60:7-23.

LaForgia J , et al. Effects of exercise intensity and duration on the excess post-exercise oxygen consumption. J Sports Sci. 2006, 24:1247-1264.

Schaun GZ , et al. Acute effects of high-intensity interval training and moderate-intensity continuous training sessions on cardiorespiratory parameters in healthy young men. Eur J Appl Physiol. 2017, 117:1437-1444.

Kravitz L . HIIT YOUR LIMIT: High-intensity interval training for fat loss, cardio, and full body health. 2018.

Maillard F , et al. Effect of high-intensity interval training on total, abdominal and visceral fat mass: A meta-analysis. Sports Med. 2018, 48:269-288.

Trapp EG , et al. The effects of high-intensity intermittent exercise training on fat loss and fasting insulin levels of young women. Int J Obes (Lond). 2008, 32:684-691.

Kelly BM , et al. An evaluation of low volume high-intensity intermittent training (HIIT) for health risk reduction in overweight and obese men. BMC Obes. 2017, 4:17.

Vander Ploeg HP , et al. Sitting time and all-cause mortality risk in 222 497 Australian adults. Arch Intern Med. 2012, 172:494-500.

Biswas A , et al. Sedentary time and its association with risk for disease incidence, mortality, and hospitalization in adults: a systematic review and meta-analysis. Ann Intern Med. 2015, 162:123-132.

Shadyab AH , et al. Associations of accelerometer-measured and self-reported sedentary time with leukocyte telomere length in older women. Am J Epidemiol. 2017, 185:172-184.

Beddhu S , et al. Light-intensity physical activities and mortality in the United States general population and CKD subpopulation. Clin J Am Soc Nephrol. 2015, 10:1145-1153.

Sperlich B , et al. Prolonged sitting interrupted by 6-min of high-intensity exercise: circulatory, metabolic, hormonal, thermal, cognitive, and perceptual responses. Front Physiol. 2018, 9:1279.

Little JP, et al. Low-volume high-intensity interval training reduces hyperglycemia and increases muscle mitochondrial capacity in patients with type 2 diabetes. J Appl Physiol. 2011, 111:1554-1560.

Liu JX, et al. Effectiveness of high-intensity interval training on glycemic control and cardiorespiratory fitness in patients with type 2 diabetes: a systematic review and meta-analysis. Aging Clin Exp Res. 2019, 5:575-593.

Bliwise DL, et al. Habitual and recent sleep durations: Graded and interactive risk for impaired glycemic control in a biracial population. Am J Med. 2017, 130:564-571.

Tasali E, et al. Slow-wave sleep and the risk of type 2 diabetes in humans. Proc Natl Acad Sci USA. 2008, 105:1044-1049.